学校プラットフォーム

教育・福祉、そして地域の協働で子どもの貧困に立ち向かう

山野則子＝著

School as a Platform against Child Poverty

Building a Collaboration System of Education, Welfare and Community

有斐閣

はしがき

「もうおねがい　ゆるして　ゆるしてください」、たった五歳の女の子が覚えたばかりのひらがなで綴ったメモの存在が明らかになり、日本中が悲しみに震えた、二〇一八年三月の児童虐待死亡事件。今も現場に花を手向ける人の姿が絶えない。彼女はあと一か月で小学校入学という時期であった。虐待やいじめによる自死など、二〇一八年に限っても驚くような事件が多数起きている。

子どもの問題は、児童虐待やいじめなどさまざまな現実的課題が、当事者の問題にのみ焦点化されがちであるのは他領域でも同様であるが、特に子どもの場合、親の養育の問題としてクローズアップされることも多く、社会的課題につながると捉えにくい。個人の問題として見られ、やがて関心が消失していくことが繰り返される。

また、必ず、悲惨な事態はなぜ防げなかったのか、児童相談所や学校などの対応はどうだったのかと具体的な犯人探しが繰り返される。児童相談所の人員不足、教師の多忙さなどが語られていき、これらの結果、増員の話になる。ある意味では、ようやく人数を増やす方向性の話に進んできたといえるかもしれない。しかし、本当に人数を増やせば、二度とこのような悲惨な事件は起きないのだろうか。

それぞれの事例に検証がなされ、課題が出されることが繰り返されており、もちろん検証は重要なことであるが、そこからもう一歩の大きな展開を作る必要があるのではないだろうか。それぞれの専門性を活かすことはもちろん考えなければならないが、教育か福祉かという世界ではなく、現状の枠組みにとらわれるのではなく、子どもにとって最善の形を創造するための発想が必要ではないだろうか。すでに多くの方策が議論され、国としても出されているが、こういった今までの価値観を超えた世界を作ることができるのかが問われている。

本書のテーマである、子どもの貧困対策として出された「学校プラットフォーム」は、少年事件や児童虐待の深刻化に対して、どのように向き合い方を変えていくことができるのか、政府案に対する議論を整理し、教育現場を少しでも知り、ソーシャルワークの視点から貧困によって生じる現実的課題の改善の可能性に、力不足ながらも少しでも迫ろうと挑戦したものである。

ぜひ、ご意見・ご批判いただけたら幸いである。

目次

目　次

第6章　学校プラットフォームのあり方——教育と福祉の共存は可能なのか …… 181

目　次

序章

学校プラットフォーム

——なぜ取り上げるのか、どうとらえるのか

学校をプラットフォームとしてとらえる

「学校プラットフォーム」とは、内閣府の子どもの貧困対策に関する大綱を策定する検討会において、筆者、そしてほかの委員からも学校を重視する発言があいつぐなかで、出現した言葉である。詳しくは、このあとの各章で説明するが、学校を、子どもの貧困をはじめとするさまざまな課題の発見から支援まで立ち向かえるためのプラットフォーム（＝基盤）として位置づけていく考え方である。これとは別に、中央教育審議会作業部会からは「チーム学校」という言葉が提案され、その両者の関連をめぐって実践現場では議論が錯綜することも生じている。日本の場合、「学校」は教師の存在と密接に結びついているため、「学校」という言葉がつくことで約一〇〇万人の学校関係者たちが反応することになった。ここでまず断っておきたいのは、筆者が述べる学校とはイコール教師のことではない。小中学校教職員のうち、教師は、日本では約八二％であるが、アメリカやイギリスでは約半数しかいない（文部科学省 二〇一五）。

学校プラットフォームもチーム学校も言葉の発生にさほど大きな意図はなかったかもしれない。また、現時点で学術的意味があるとはいえないだろう。しかし、この言葉によって学校現場は何らかの変化が強いられるのではないか、という不安とともに、学校プラットフォームとチーム学校とどう関係があるのかなど話題になっていることも事実である。学術的意味のない言葉で現場を揺るがしているのではないかと、批判するのは簡単であるが、批判だけに終わるのではなく、現実に起きている児童虐待や少年事件、居所不明問題、いじめ自死など、その現実を少しでも打開できるように、学校プラットフォームを単にスローガンにするのではなく、現実に学校のなかで機能するよう仕組みとして作りこんでいくのが実践家、そして実践の科学としての社会福祉を研究する社会福祉研究者の役割ではないだろうか。そんな思いから、多くの批判を承知の上で、あえて本著を執筆するに至った。

現実的課題の打破として、政策的新概念として構築される「学校プラットフォーム」

二〇一四年八月子どもの貧困対策に関する大綱が出され、二〇一五年一二月には中央教育審議会答申が出された。その間に、いじめ自死事件や悲惨な児童虐待事件は複数出現し、不登校少年が被害者となった事件も勃発するなど、各所で学校の対応が話題になった。これらの事件も影響して、文部科学省職員や議員の勉強会にスクールソーシャルワーク（以下、ＳＳＷ）や学校プラットフォームがテーマとして複数回取り上げられた。結果、国会での安倍総理の答弁にも「スクールソーシャルワーク」という言葉が登場し、さまざまな施策の打ち出しが急速に展開した。

二〇一五年一二月に、「チーム学校」「地域とともにある学校」「地域学校協働」と取りまとめられた中央教育審議会の答申についても、学校のなかの専門家チームの話のみならず、地域と学校がパートナーとなって社会全体で子どもを育てることを意味する提言であった。まさに学校の大きな改革、社会の改革をも示唆するほどのものである。

しかし、用語としては、国の各委員会で出された「学校プラットフォーム」や「チーム学校」「地域とともにある学校」「地域学校協働」など多様な新用語が飛び交うことになった。そこでこれらの方向性の確認と整理を行い、改めて総括概念として、「学校プラットフォーム」を意味づけられないかと考える。つまり「学校プラットフォーム」の意味やどうあるべきかの議論をあえて行うことで、新たな社会的課題の解決に向かえる発想を投入することはできないだろうか。残念ながら省庁をまたがって議論されたわけでは全くないが、二〇一六年厚生労働省の打ち出した「地域共生社会の実現」との関連も検討すべきであろう。

「チーム学校」は学校がさまざまな専門家と連携協働する総体としての状態を表し、「地域とともにある学校」「地域学校協働」はより広い視野で見たときに学校が地域とともにあるべきであることや、地域とともに協働するという状態を表す用語である。それに比べ、「学校プラットフォーム」とは、学校の機能を示す用語であり、一歩踏み込んだ提言である。だからこそ、学校側から反論や批判が生まれることとなった。

対立構造を生む議論

ＯＥＣＤ加盟国のなかで教師の労働時間は日本が最長であると報告され（文部科学省 二〇一四）、二〇一六年度教員勤務実態調査において過労死ラインに達する中学校教師は約六割に上ることが報告された（文部科学省 二〇一七）。学校プラットフォームへの批判は、学校＝教師であるとの認識から、多忙な教師にとっては、仕事がさらに増えるという懸念に基づくものである。しかし、学校プラットフォームはあくまでも学校の機能にかかわる話であって、教師の機能の話とはどこにも書かれていない。どこかでこの両者のすり替えが起き、そのまま議論がなされることに危惧を抱く。ある意味では、逆に日本の教師はこうして仕事をどんどん引き受けていくことになっているのかもしれない。

議論がこうした方向になる最も大きな背景は、学校の歴史や成り立ちが他の組織とは違うことである。職階の少ないフラットな組織であることが鍋蓋にたとえられるように、学校組織のシステム構造が、通常の企業組織や福祉組織などとは違うことが大きな要因になっているのではないかと考える。これは教師の専門性に対する構造の話ではなく、重要なことを伝達したり、課題に対する報告をしたりする基本的な組織マネジメントの観点として主張したい。

係員・係長・課長・所長というようなピラミッド型の階層制をもつ一般組織とは違い、学校における管理職は、基本的な責任体制のラインは校長・教頭（場合によっては副校長）のみである。学年主任は主任であってもその学年に管理職としての職務責任はなく、各教員の日々日常の何か起きた出来事の報告を受ける義務はない。最近では主幹という中間管理職が置かれているが、一般企業で課を統括する課長のように学年を統括する責任があるという位置づけではないといわざるをえない。つまり、学校組織では、教員の専門的裁量を保障し、それに基づく個々の教員の教育活動を尊重して、さまざまな課題に対応していくことが望ましいとされてきた経緯がある。しかし組織としては校長権限に一極集中となる、よくも悪くも「鍋蓋」といわれる体制となっている。教育の自律性の尊重は非常に重要なことで、国家権力その他から教育が決して侵されてはならないという側面と、日々起きる、のちに重大事案に発展するかもしれない出来事を責任をもって伝達したり、管理職がフォローしたりする仕組みが重層的になっているかどうかという側面は別であり、重層的体制があるとは言えない状態である。このことは、学校という組織が、教師一人ひとりがすべてを抱え込まざるをえない方向に進む可能性が生じやすい組織体制であると言わざるをえない。

こういった体制から日々蓄積されて生じるのが、現在の学校の協働しにくい状況、つまり丸投げか丸抱えになりやすい状況である。中間がなく、管理職が○というか×というか、という二者択一の世界になりやすい。これは個人の教師の問題ではなく、学校組織や学校文化の問題と認識すべきである。○か×か、一か一〇〇かの発想からすると、この学校プラットフォームと聞いたときのとらえ方は、教師にすべて負担がかかるという認識になる。この認識の違いは明確で、教師以外の専門家はそうはとらえていない。協働のベースとして学校に拠点を置くという意味だと素直にとらえられる。しかしこのことを議論するには、そもそもの学校の歴史や学校文化の成り立ちから確認し、検討する必要があるであろう。

同様に、学校プラットフォームとしてさまざまな専門職を入れるということに関して、先述の勤務実態調査結果から、「まずは教師の増員であろう」という方向に話は向かっている。教師か専門家かという対立軸が立てられ、専門職配置の拡充に反論が生まれる。この路線で議論することは、方向を大きく見誤らないだろうか。決して、教師か専門家か、あるいは地域か学校かという二項対立の議論をしているのではない。そんな安易な話にしてはならない。この論争には、対立構造をあえて生み、まともな議論を阻止してしまう懸念がある。包括的な体制を子どもの最善の利益のためにどう作るのかという設定に立ち戻って議論を深めていくことが重要だと考える。

エビデンスに基づく実践が制度の転換に影響する

子どもへの支援を行う場は、学校ではないほうがいいのではないかという議論もある。現在、NPOやさまざまな支援組織が各所に生まれている。子どもたちにとって重要なのは学校という選択肢だけではない、学校外だから行きやすいこともあるだろうという意見である。もちろん、一つの政策で完璧にすべてをカバーすることはありえない。学校外がいい場合もあるだろう。しかし、学校以外の場での支援は、学校外でもつながることができる、つまり外に出ていくことができる子どもや家庭への支援とならざるをえない。子どもの貧困はそもそも外からは見えにくいため、対象がわからず誘い出せない、あるいは当事者も支援の必要性を感じないため自身から参加しない、さらに小学校の子どもは校区外に一人で出てはいけない指導を受けており、自力で行けない子どもや連れていけない家庭は支援が受けられないことになる。貧困対策を行政として校区外で行うことは、そもそも政策の矛盾であり、親が連れて行けないと支援につながらないことになる。貧困の子どもだけを支援するのではなく、レッテルを貼らないためにもターゲットを絞らない支援を展開することは間違ってはいないが、そこには確実にターゲットの子どもたちが外から見えないまま含まれていなければならない。つまり支援主体がＮＰＯや民間の場合、個人情報の保護のため、支援者には誰が対象の子どもであるかがわからないとしても、行政のほうはどのくらい送り込めたのか確実に把握していなければならない。支援を必要とする子どもや家庭に確実に届く対策でないと、地域づくりや孤立支援という意味はあっても貧困対策の意味を直接的にはなさないであろう。ゆえに届ける方策にも効果の判断にもエビデンスに基づいた流れが必要である。

見えないまま、気づかないまま進むことで、貧困の状況、子どもの不利な状況は増していく。例えば、沖縄県では年収二〇〇万円未満の世帯が四七都道府県で最も多い一位であるが、生活保護率や就学援助率になると五位、一〇位となる（沖縄タイムス 二〇一五）。必要な人に必要な支援が届いていない可能性があり、子どもの貧困が見えていない可能性が懸念される数値である。

そこで、すべての子どもが通う場における早期発見と支援の方向性が全体化されることが必要である。その場からスクリーニングされて、ＮＰＯや学校外のサービスにつながるのはもちろんありうる。しかしスクリーニングはすべての子どもを対象にしていないと気づかず、発見されない事例が必ず出現する。これは結果的に居所不明の子どもや先述例のように支援につながっていかない可能性がある。

これらの問題意識から、すべての子どもが通う学校という場に、さまざまな支援を投入する発想が学校プラットフォームである。成り立ちや体系は違うがイギリスの貧困対策で策定された拡大学校がこれに近い（くわしくは➡第6章）。すべての子どもたちが通う義務教育の学校という場、平等、特別扱いをしない文化のなかで、子どもたちの最善の利益の視点をもって、個別の子どもに焦点を当て、子ども中心に考える視点を導入することになる。支援をする側の視点にすべて合わせるのではなく、学校の視点と共存する可能性を探る必要がある。このラインが、現在、児童相談所で対応している全校児童数の一％という特別な層のみではなく、表面的には見えないが危機状態が懸念される一五％から三〇％近い子どもたちの層まで拾える予防的な仕組みとなる。まさに学校にソーシャルワークの視点を入れることであり、ＳＳＷの可能性を探ることにつながる。

こうした学校プラットフォームという視点は貧困対策から出現した経緯があり、現状、ＳＳＷに焦点が当たっている。しかし、だから福祉でのみ対応するというのではなく、さらにＳＳＷありきでもなく、子どもの最善の利益に照準を定めて、厳しい状況の子どもたちを一人もこぼさない仕組みを作るための学校プラットフォームであり、それらを機能させるためには大きな制度転換、発想の転換が必要である。何人のスクールソーシャルワーカー（以下、ＳＳＷｅｒ）がいればいいという話ではない。チーム学校と学校プラットフォームがつながる仕組みが必要である。

これについてはＳＳＷｅｒの動きを明確化し、実証的な研究によってその成果を見せ、制度に切り込むことができるのか、チャレンジしているところである（山野 二〇一五、二〇一六）が、本著においても包括的構想を最終章で提案したい。

本書の構成

本書では、学校プラットフォームの意義を、政府から出ている新用語である「チーム学校」等との関連も明示し、包括的にとらえる視点を提示する。現在の子ども家庭の実態、中央教育審議会の議論、国内外のさまざまな実践事例や施策を交えて検討する。それに対する対立言説を見せる学校組織の歴史的経緯や学校文化についても明らかにしたうえで、すべての子どもにとって包括的な支援システムがなぜ必要なのか、どう作っていくのか、政策論ではなく社会福祉実践という切り口で論じていく。そして、すべての子どもを包括するシステムのあるべき姿を提言する。

第1章において、学校プラットフォームを語る前にまず子どもや家庭に起きている現象に触れ、単純なものではないこと、個の問題ではないことに触れる。第2章では、すべての子どもを包括する学校を中心にした文部科学省の現状の施策、その経緯などを紐解いていく。第3章においては、構造的に現在の施策に何が足りないのか（全数把握、子どもの最善の利益）を提示し、学校の意味を問う。第4章で、今の教育の姿が、なぜ「抱え込み」になっているのか、制度として関係機関と連携する仕組みを構築できないのか、教育行政、学校文化、学校組織、教員免許のカリキュラム等の問題から、検討する。では福祉側はどうだったのか、第5章において教育と福祉の接点に関する議論を過去の社会福祉や児童福祉の経緯から確認し、近年の社会福祉の動きである地域共生社会への方向性が学校プラットフォームとの親和性が高いことを確認する。そして最後に第6章において、日本での実践例やイギリスの例を示しながら、発想の大転換としての学校プラットフォームのあり様を提案する。さらに、そこには何が必要なのか、支える理論と実証的研究について述べる。

課題と提案

筆者は、福祉の第一線の行政機関といわれる福祉事務所において児童福祉の業務を担い、そののち研究者として、ＳＳＷｅｒの実践を国より早い二〇〇五年に仲間と共に大阪発で形成し、実践と研究を往来して取り組み続けてきた。福祉事務所時代から見えない貧困は課題であり、目の前の子ども一人ひとりへの対応に追われるなかで仕組み作りをしなければ広く救えないという実感と大きな制度上の壁にあたり、さまざまな狭間であがいてきた。具体的には地元で一九九四年から子どもの相談システムを考える会を創設し仕組み作りに取り組み、二〇〇五年からは大阪のＳＳＷの仕組み作り、二〇一〇年からは全国のＳＳＷｅｒと教育委員会という実践家とのやり取りのなかで実証的研究の結果を使って協働でプログラム作りを行ってきた。そして、それを実践につなぐ研究を、文部科学省や国立研究開発法人科学技術振興機構の助成のもと、展開している。決してＳＳＷありきではなく、また点ではなく面をという課題を持ち続けてきた。しかし、スタートはあくまでも目の前の子どもや家庭である。

国との関連では、二〇一一年中央教育審議会教育振興基本計画部会において、「教育と福祉の協働」というテーマで発表を依頼された。その後くらいから中央教育審議会生涯学習分科会委員を総括的位置としながら、文部科学省の家庭教育、社会教育、学校教育に関わるさまざまな委員会、子どもの貧困対策に関する検討会、厚生労働省の社会保障審議会児童部会や事業評価（厚生労働省や内閣府）などに関係するようになった。二〇一五年一二月に提出された中央教育審議会答申に関しては、三つの部会のうちの二つの部会委員を任命され、もう一つの部会には、ヒアリングに出向いた。そして政府内部には、二〇一四年度から複数回、大臣・局長・審議官・職員に向けてレクを行う機会を経由し、二〇一六年一二月には総理官邸での教育再生実行会議に発表者として呼ばれ、二〇一七年四月からはＳＳＷｅｒやスクールカウンセラー（以下、ＳＣ）を学校職員に位置づける、学校教育法施行規則の改正につながった。背景には、二〇一五年から参加してきたチーム学校の機能を考える「児童生徒相談体制の充実」に関する調査協力者会議も存在した。残りの一つの部会には、二〇一七年二月からの中央教育審議会総会委員となり、一二月に学校における働き方改革特別部会の中間まとめが提出されたが、提出前にも意見提案者として部会に参画するなど関与してきた。

この経緯と位置だから見えることがあるとすれば、それを発信する必要があると考えた。子どもの貧困等の課題に対して、人材や資源の投与に関して問うだけではなく、そもそも「学校」を新しい概念でとらえなおせる発想の大転換をしなければ、現在の政府への答申を生かせない。今のこの改革の流れにのって落としてはいけないことと流れに乗るべきことを見分け、見誤ってはいけないが、優先して行うべきことがある。

ともすれば、現場からの要望は人員要求になりがちであったり、対応もその手当てをしたことでさも解決したかのような錯覚に陥ったりしがちであるが、せっかく手当てした人材（専門家の増員のみならず教員の増員も同じだろう）も機能しなければ結局子どもたちを救えない。機能するための仕組みが重要である。

つまり、子どもの貧困対策における学校プラットフォームやチーム学校においては、ただ人を投入すればいいというものではなく、見えにくい課題であるが、機能していく仕組みを形成することが必要である。それが、地域共生社会の創造につながっていくと考える。

この仕組み作りについて、子どもの最善の利益を理念に、要求型でも政府からのトップダウン型でもなく、新たな方法を提案したい。それはすでにＳＳＷ事業プログラムにおいて実証してきたが、国や地方自治体の政策立案者、教師や福祉従事者、ＳＳＷｅｒなどの実践家、研究者のステイクホルダーが集まって、実践者の苦労をエビデンスで見える形にし、エビデンスを活用した動きを作り、その効果も示すことと実践家が主体的に動きを内省することで、蓄積する実証的な研究をベースにした形での制度の問い直しを提案したい。

引用文献

文部科学省（二〇一四）「ＯＥＣＤ国際教員指導環境調査（TALIS2013）のポイント」（http://www.mext.go.jp/component/b_menu/other/__icsFiles/afieldfile/2014/06/30/1349189_2.pdf〔二〇一八年四月二五日取得〕）

文部科学省（二〇一五）「平成二七年六月三日　初等中等教育分科会チーム学校作業部会　参考資料二」（http://www.mext.go.jp/b_menu/shingi/chukyo/chukyo3/052/siryo/__icsFiles/afieldfile/2015/08/17/1359970_02_1.pdf 二〇一八年四月二五日取得）

文部科学省（二〇一七）「教員勤務実態調査（平成二八年度）の集計（速報値）について」（http://www.mext.go.jp/b_menu/shingi/chukyo/chukyo3/079/siryo/__icsFiles/afieldfile/2017/07/24/1388265_8.pdf 二〇一八年四月二五日取得）

沖縄タイムス（二〇一五）「低所得・ひとり親・低進学率…子どもの貧困、沖縄の環境深刻」二〇一五年一一月四日（http://www.okinawatimes.co.jp/articles/-/20483 二〇一八年四月二五日取得）

山野則子編（二〇一五）『エビデンスに基づく効果的なスクールソーシャルワーク』明石書店

山野則子（二〇一六）「すべての子どもたちを包括する支援システム作りへ」スクールソーシャルワーク評価支援研究所（所長　山野則子）編『すべての子どもたちを包括する支援システム』せせらぎ出版、一三―一七

第1章

子どもや学校をめぐる現状と課題

近年、子どもをめぐる辛いニュースが絶えない。胸を痛める人は多いであろう。また子どもの貧困が取りざたされ、以前に比べると貧困が可視化されるようになっている。さまざまな子どもや家庭の実態が報道され、出版されるようになった。本書の第6章にも記述しているが、それらが身近に自分にもできることをしようと集う地域住民の意識や動向をもたらしたことは事実である。しかし、センセーショナルな報道は、結果的にはその生活実態がいかに厳しいものか、かわいそうな状況なのかが強調されることになり、多くの人たちに自分とは違う世界、遠い世界のこととまた線を引かせてしまい、格差意識を生んだことも確かである。

そして、根底では重なりがあるが、表面的には暴力事件や児童虐待事件、いじめ事件など事件として表出する課題とは切り分けられて映っていく。しかし、そのように表面的に問題をとらえるのではなく、トータルに子どもを取り巻く環境として、とらえていくべきである。表面化している事件は、今の子ども・家庭、社会の縮図でもある。その意味を考えるためにも子どもの置かれた現状から検討していくこととする。

1　さまざまな事件から

二〇一五年、無職少年によるリンチによって、少年が犠牲になった事件が発生し、一年後にも同様の河川敷での事件、昼間の公園での事件が続けて発生してしまった。加害者の残虐性や簡単に死に至らしめたことが世間に衝撃を与えた。二〇一六年の事件では加害少年に中学生も入っていたり、昼の一三時に普通の公園で起きたり、といった状況もあり、表面的には集団リンチという事件であるが、地域という立場の人も含め、さまざまに思いを馳せることになった。また夜中に中一の二人が連れ去られ、死に至った事件も世間に大きなショックを与えることになった。当時の文部科学省では、状況の理解のために、有志の職員らが時間外に勉強会なども開催していた。

表面的には集団リンチの話であったり、犯罪者につれ去られたりという事件であるが、詳細を確認すると、被害、加害少年に限らず、不登校や不登校経験、いじめの経験、家族の形や経済状況、地域との関連など、多様な背景が見え隠れする。加害少年が「加害者」になる前は、当然のことであるが、一人の子どもであった。ＳＯＳを発していた子どもだったかもしれない。周りが気づけなかったのか。なぜ未然に防げなかったのだろうか。かかわる人々や機関が、何か兆候や気づきを被害加害どちらの側からも、とらえられなかったのだろうか、そして予防的に働きかけることができなかったのだろうか、これらの事案に限らず考えさせられる課題は多い。

その最たる事案が、ノンフィクションの書籍も出版された（山寺 二〇一七）、二〇一四年の川口高齢夫婦殺害事件である。幼少期からホームレス状態に陥らされた居所不明[1]に当たる一七歳の少年が、祖父母を殺害した事案である。この少年は、短期間しか家のある生活や学校に通う普通の生活が送れなかったうえ、生活保護受給という公的支援が対応した時期は数か月というわずかな間であった。

　現状では、残念ながら、少年事件はあくまでも事件としてとらえられる。子どもの貧困は子どもの貧困として、そして児童虐待は児童虐待としてとらえられる。過去にさかのぼって、どの時点で何が必要だったのかという議論になっても、現時点での子どもの貧困や親の孤立に関わるところでの対応は、不幸な連鎖の流れをとらえて、そうならないように何が必要なのか、という論点になりにくい。その時点での不登校や非行などそれぞれの課題そのものへの対応視点のみとなってしまっている。

　社会構造が変わった、道徳教育が機能しなくなった、社会の前提が崩れた、家族のきずなが失われたなど社会心理ばかりがクローズアップされ、経済構造の変化に鈍感だったのかもしれない（浜井二〇一五）と指摘されるように、本来は社会構造との関連まで含めて議論する必要がある。

　これらの背景が関連して、どのように課題を深く発展させてしまうのか、ここであげた子どもたちの事例を特別な事案と考えずに、それを防ぐためには何が必要なのか検討していきたい。

2　子ども家庭の現状——貧困と孤立

経済資本の欠如とソーシャルキャピタルの欠如

　子どもの貧困、児童虐待、少年事件、いじめ、と子どもをめぐる現状はますます厳しい状況になってきている。子どもの貧困の関連では、等価可処分所得が全体の中央値の半分に満たない「相対的貧困」[2]状態の子どもは、一九九〇年代半ばから増加傾向にあり、二〇一二年に一六・三％つまり六人に一人となった（四年後の「平成二八年　国民生活基礎調査」では一三・九％）。これは、経済状況が厳しい家庭の小中学生に、学用品代や給食などを援助する就学援助率[3]に近い数値であり、各自治体の就学援助率は、高い地域では二五％から三〇％、学校によっては七〇％のところもあり、だいたいこの割合で経済的に苦しい家庭が存在すると考えられる。

また厚生労働科学研究（原田ほか 二〇〇四）により、二〇〇四年時点で四か月児をもつ親のうち近所の人と世間話をすることがないという親が三分の一ほど存在し、子育て不安では当時三歳の子どもの親にあっては半数にのぼっていると報告されてから、すでに一〇年以上になり、当時の子どもは中学年や高校生になる。状況は継続こそすれよくなってはいないことから、現在の中学生以下の子どもたちの三分の一が、親の孤立した環境下で育てられてきたといっても過言ではない。子育て不安の高さは、当時三歳児の親であることを考えると、それはそのまま現在の児童福祉法対象である一八歳未満の子どもたちの親の子育て状況となる。

これらから貧困も孤立も、決して特別な事態ではないことをまず認識すべきである。問題は、その貧困や孤立を抱えた家庭が外から見えないことである。言い換えると誰も自身のことと思っていない可能性があり、問題行動になって初めて表面化する。

さらにそこから想像すると、子どもの世話どころではないほど生活に追われたり、逆に過度に子どもに関心が高まったり、子どもと親のちょうどいい距離を取るのが難しくなっているのではないだろうか。結果、ネグレクトを含む虐待に移行したり、親が子どもに過度に期待をかける教育虐待という現象が生じたり、さまざまに子どもに影響が生じている（坪井 二〇一二）。そして背景は多様だが現象としては、子どもの不登校や非行、いじめといった問題行動に発展する。ネグレクトの背景には経済的課題があることが多く、夜遅くまで親が働き、朝起こしてもらえない子どもたちの存在があることは想像に難くない。十分ケアされないストレスを抱えた子どもが他者を攻撃し、暴力やいじめ、学級崩壊へと発展する。あるいは非行グループから声をかけられやすくなり、ターゲットにされる可能性が想像できよう。これは親の場合も同じで、貧困がゆえにダブルワークとなり（大阪府立大学 二〇一七）、日常的な社会から孤立していく。特にひとり親家庭で夜中まで働かざるをえない場合は、社会との交流が日常的になくなり、つながりをもつのは同様の立場に近い異性となりやすく、子どもを放置しているように映る。結果として公開されているか否かは別として、福祉の視点をもつ地域の関係機関が入った事例検討会議においてさえ目の前の事象に焦点化され批判的な雰囲気が蔓延する。目の前で起きる現象と背景を踏まえた子どもの貧困の理解があっても、そこを結んで考えることは普通には困難なことであろう。

そしてショッキングなことに、データ数が一〇万件（親子）に及ぶ大阪府子どもの生活実態調査

（大阪府立大学 二〇一七）の結果を見ると、困窮度が高まるほど（困窮度Ⅰ）、親の雇用形態は正規雇用の割合が低くなり、健康状況がよくないなど心身面にも影響している結果であった（図一―一①）。困窮度が高まるほど、親が無理をせざるをえない実態があり、子どもにかかわる時間がさほどとれず、子どもの方は塾や習い事などの経験、家族以外の大人や友達と交流する経験などが中央値以上の世帯の子どもに比べて少なくなることが明確に確認できた（図一―一②）。また制度として比較的周知されているであろう就学援助や児童扶養手当を受けたことがないという世帯の割合がそれぞれ一四・六％、一〇・一％存在している（図一―一③）。これは、必要な支援が届いていないことを表す。就学援助は、この調査をした大阪では学校で全家庭に周知のプリントが配布されている。児童扶養手当も市役所の窓口や広報、当事者団体、また離婚届けを出す際にも周知されている。にもかかわらず、受けることができるのに受けていない層がここまで存在するという数値である。以上、まさに経済的資本の欠如がソーシャルキャピタル（社会関係資本）の欠如に影響していくさまが明らかにうかがえる。

ここで貧困の定義を示そう。日本では、貧困を「飢え」や「住宅の欠如」など「絶対的貧困」レベルで理解する傾向があるが、国際的には、貧困は相対的に把握されるべきものと理解されている。イギリスの社会学者タウンゼントの定義を元にChild Poverty Action Group（CPAG）が示している、①所得や資産など経済的資本（capital）の欠如、②健康や教育など人的資本（human capital）の欠如、③つながりやネットワークなど社会関係資本（social capital）の欠如、の三つの資本の欠如・欠落（所

図 1-1　子どもの生活実態調査

①

◇最も困窮度が高い困窮度Ⅰの世帯における正規雇用の割合は約４割である

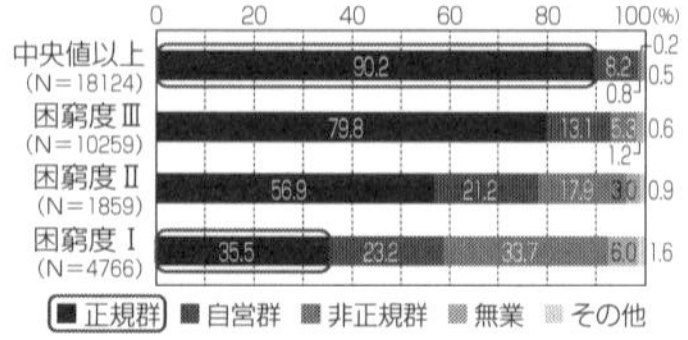

◇母子世帯の約８割が等価可処分所得の中央値に満たない

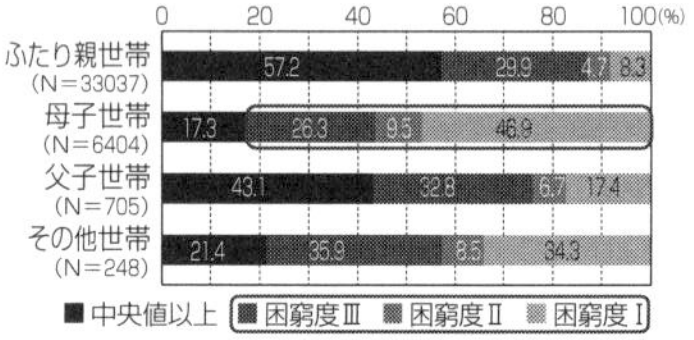

②

◇放課後ひとりでいる子どもは，困窮度にかかわらず約２割
困窮度が高いほど，おうちの大人，おうち以外の大人や学校以外の友達と過ごす割合は低い

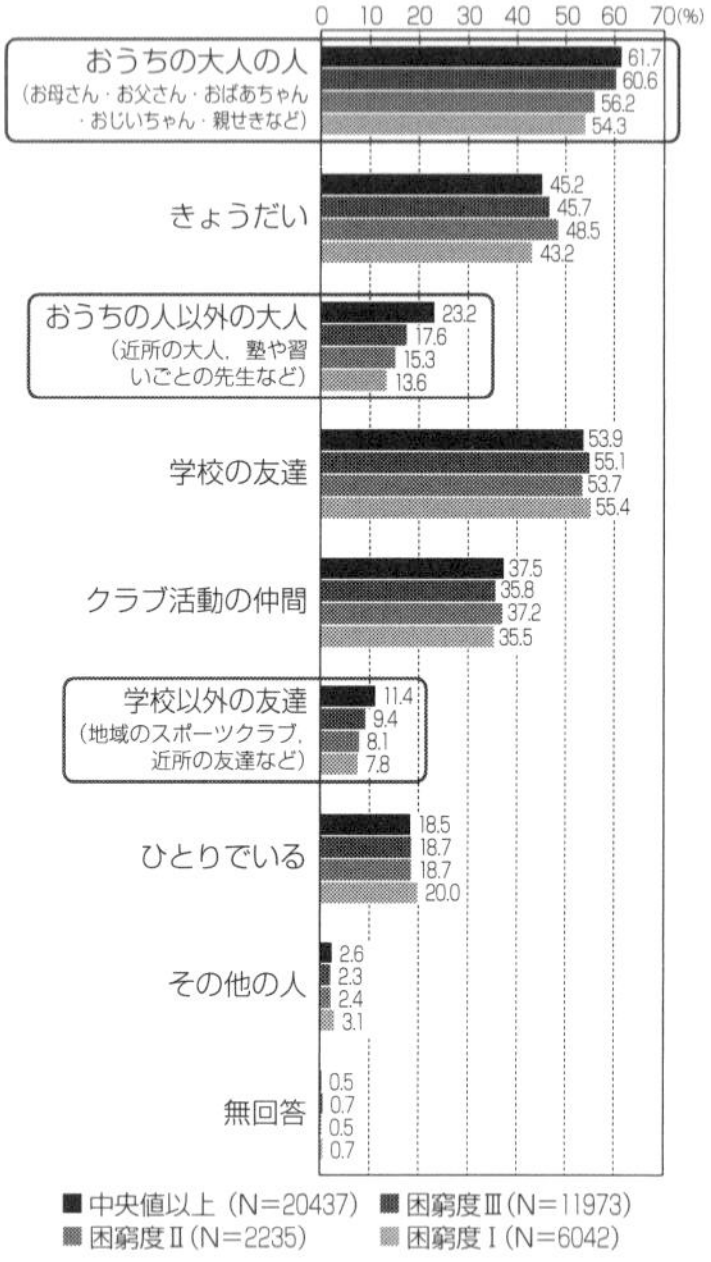

③

◇困窮度Ⅰの世帯で就学援助を受けたことがない世帯がある

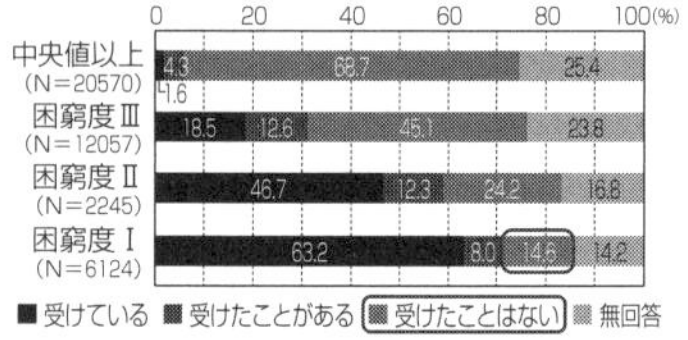

◇困窮度Ⅰのひとり親世帯で児童扶養手当を受けたことがない世帯がある

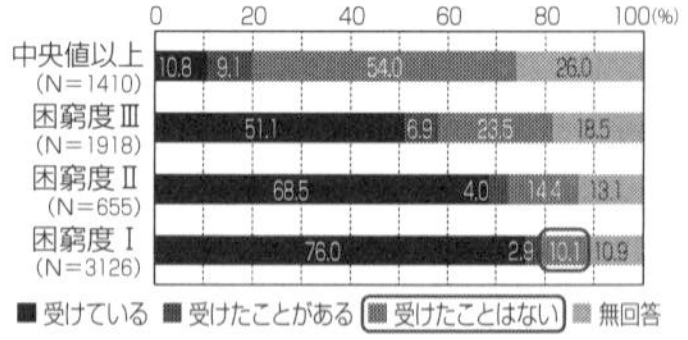

（注）　困窮度の説明は p. 42 の注４に記載している
（出所）　大阪府立大学（2017）より抜粋

図 1-2 子どもの貧困とは

・貧困研究においては，次の①〜③に焦点を当てることが基本的な枠組みとなっている。
①物的資源や生活に必要な資源の欠如（現金やサービス，住宅，医療などを含む）
②ソーシャル・キャピタルの欠如（つながりの欠如，近隣，友人との関係性，学校，労働市場への不参加）
③ヒューマン・キャピタルの欠如（教育レベル＞雇用の可能性＞自分の能力を労働力（稼働）に転換する能力の欠如）
・そのため，所得格差のデータに加え，社会において当然享受されるべき生活要素の欠落状況（はく奪状況）を把握することが一般的となっている。〈参考：イギリスのチャイルド・ポバティ・アクション・グループ＝CPAG による〉

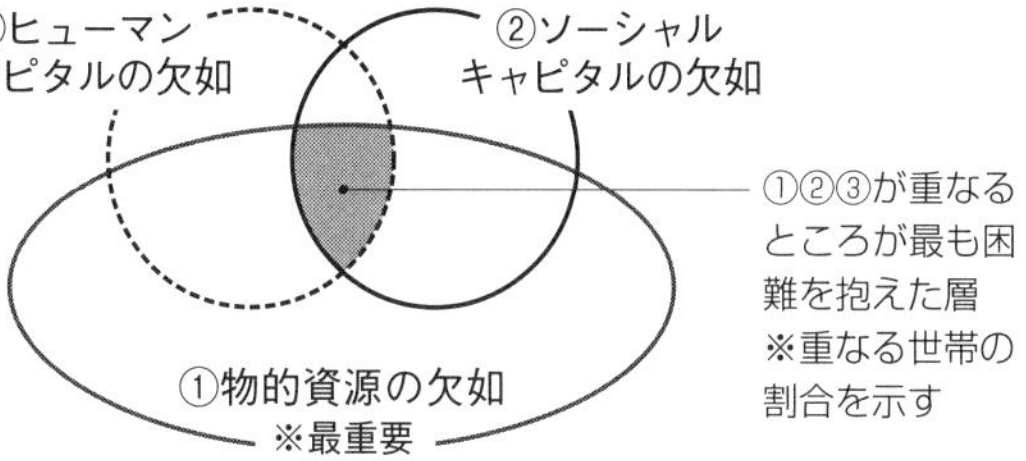

（出所） 大阪府立大学（2017）より抜粋

二〇一五）を基本的な枠組みとしてとらえられよう（図一‐二）。この視点で見ると、経済的資本の欠如が、社会的なつながりの欠如を生み、相乗作用となる。次に、ヒューマンキャピタル（人的資本）の欠如について見ていく。

ヒューマンキャピタルの欠如

まず子どもの学力について、経済的な背景との関係を見てみよう。社会階層の違いと勉強時間と学力の関係をみた調査（お茶の水大学 二〇一四）によると、社会階層が高い家庭の勉強時間0時間の子どもと、社会階層の低い家庭の最も勉強している子どもの学力を比較したとき、社会階層の高い勉強時間0時間の子どものほうが学力が上であった。「やればできる」と子どもを励ますことが真実ではないことになる。子どもの努力だけでは超えられない壁があり、学力は個人の努力ではなく、社会の問題であることが明白になった。

では、何が学力に影響を与えているかというと、家庭の中では読書活動、生活習慣に対する働きかけ、親子のコミュニケーションとなっている。最も影響を与えるのが読書活動で、次に生活習慣の働きかけという順になっている。現在、一・五〜二・〇％の子どもたちはそもそも家庭に本がない（阿部 二〇〇八、山野・三沢ほか 二〇一四）ことも意識すべきであろう。気軽に本に触れる環境にない子どもたちが存在する。これは次のステップにどんどん移行してしまう。例えば、ある自治体の高校生への学習支援に参加している保護者と子どもに確認した調査では、小さいころに読み聞かせを行った保護者の子どもほど家庭学習をよくするという回答であった。また生活面では、保護者が朝食を一緒に取っている子どもほど宿題をやっている、朝起こされなくても起きるという結果であった。これらは先述した調査の結果にある、読書や生活環境への働きかけが学力に影響していくことを支持するものであった（山野・三沢 二〇一五）。

さらに先にも触れた大阪の子どもの生活実態調査（大阪府立大学 二〇一七）の結果を見ると、困窮度が高まるほど、勉強時間や学習の理解度、将来の進学に影響している（図一―三）。中卒や高卒を選択する子どもが増えるのである。大学進学率が五〇％を超える状況のなかで、それが多くの選択肢のなかからの自身の選択とは考えづらい。

生活保護世帯の学習支援における高校生である子どもと保護者へのアセスメントにおいて、子どもが教師とコミュニケーションをどのくらいしているか、学校行事の参加度はどのくらいかなど両者へ同じ質問をしているが、保護者・子どもほぼすべて同じ回答数値であった。しかし、将来の夢を聞く項目は、子どもは七五%ほどが希望をもっているのに、保護者は五〇%と下がってしまう大幅な回答の不一致がみられた（山野・三沢 二〇一五）。このことは、前者は子どもの価値観に親の価値観が非常に影響していることを指し、後者は貧困世帯の親が子どもの将来に希望をもてていないことがわかる。

前者の回答の一致には、親子が相互に依存関係となりやすく貧困の再生産になりやすい背景の、子ども期からの積み重ねが見える。後者の回答が不一致だった「将来の夢」については、ある地域での高校における学力・生活実態調査で、「親の娯楽的モノの買い与え」や「子どもの将来への期待」が子どもの学力や進路に

図1-3　子どもの生活実態調査

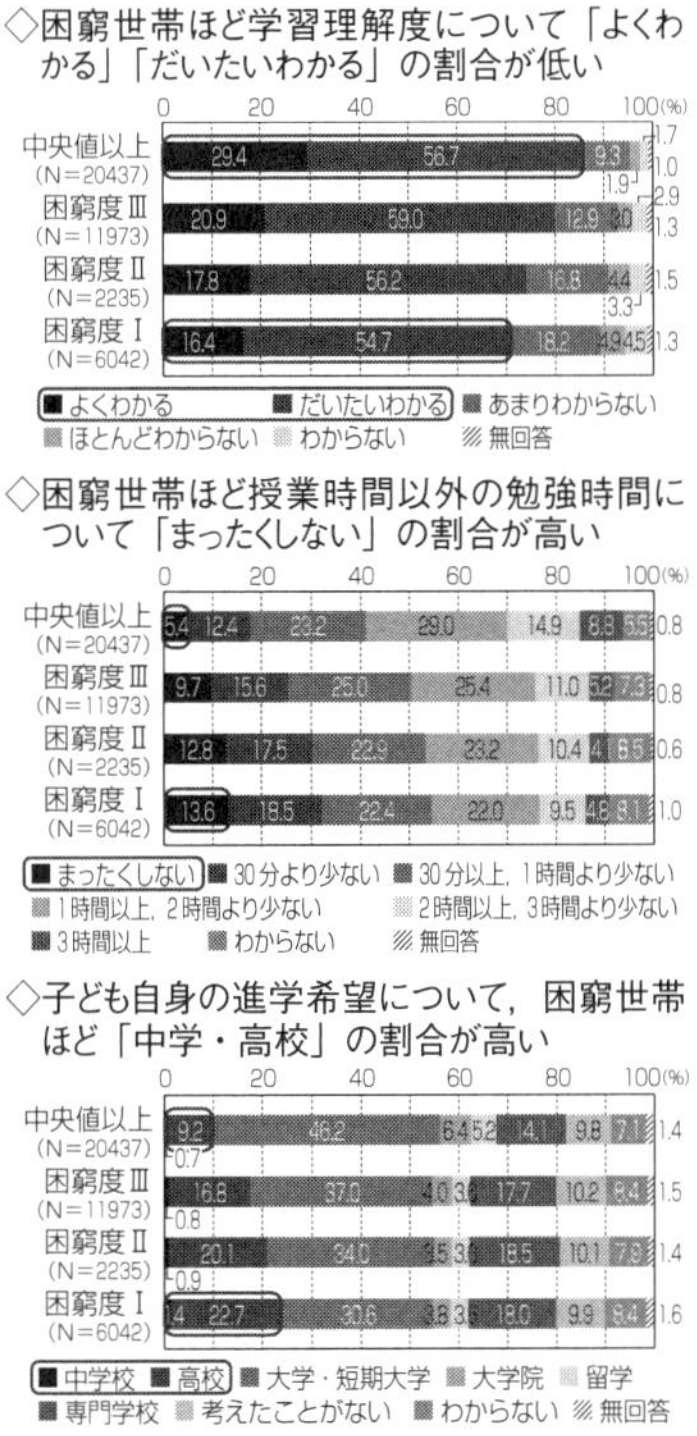

（出所）　大阪府立大学（2017）より抜粋

影響すると分析し、親が子どもの将来に見通しをもって子育てしているかが大きな鍵であり、親の経済状況によって、これらの傾向に差が見られると説明している鍋島（二〇〇三）と同様の結果であったといえる。また別の調査において、貧困の子どもとそうでない子ども全体数の比較で、貧困世帯ほど学力や体力が低いという結果が出ている（箕面市 二〇一七）。さらに健康面で言うと、睡眠や朝食が十分でない子どもたちは、虫歯未治療、予防接種未接種などの課題を抱え、肥満や低体温など健康面に支障を生じ、さらにそれが学力にも影響するとの調査もある（鈴木 二〇一〇、足立区 二〇一六）。

以上のように、貧困がゆえにヒューマンキャピタルの欠如を抱える子どもが多くいる。生活に余裕がないなかで親は、俯瞰的に子どもに選択肢を与えたり、子どもと一緒にさまざまな方法を考えるなど寄り添いながら課題を乗り越える力をつけさせる時間・機会がない。つまり子どもは対処能力が十分育たない。こういったなかで子どもが成長するということはさまざまなかたちで悪影響を与え（Ridge 2002＝2010）、些細なことが問題となって表面化し、さらに進展することも容易に想像できる。

3　児童虐待、不登校、暴力行為など

児童虐待に関する悲惨な事件が後を絶たず、大きな社会問題となっている。全国の児童相談所での児童虐待の相談対応件数は、二〇一六年度一二万二五七五件あり、二〇〇〇年の児童虐待の防止等に

図1-4 児童虐待相談対応件数の推移

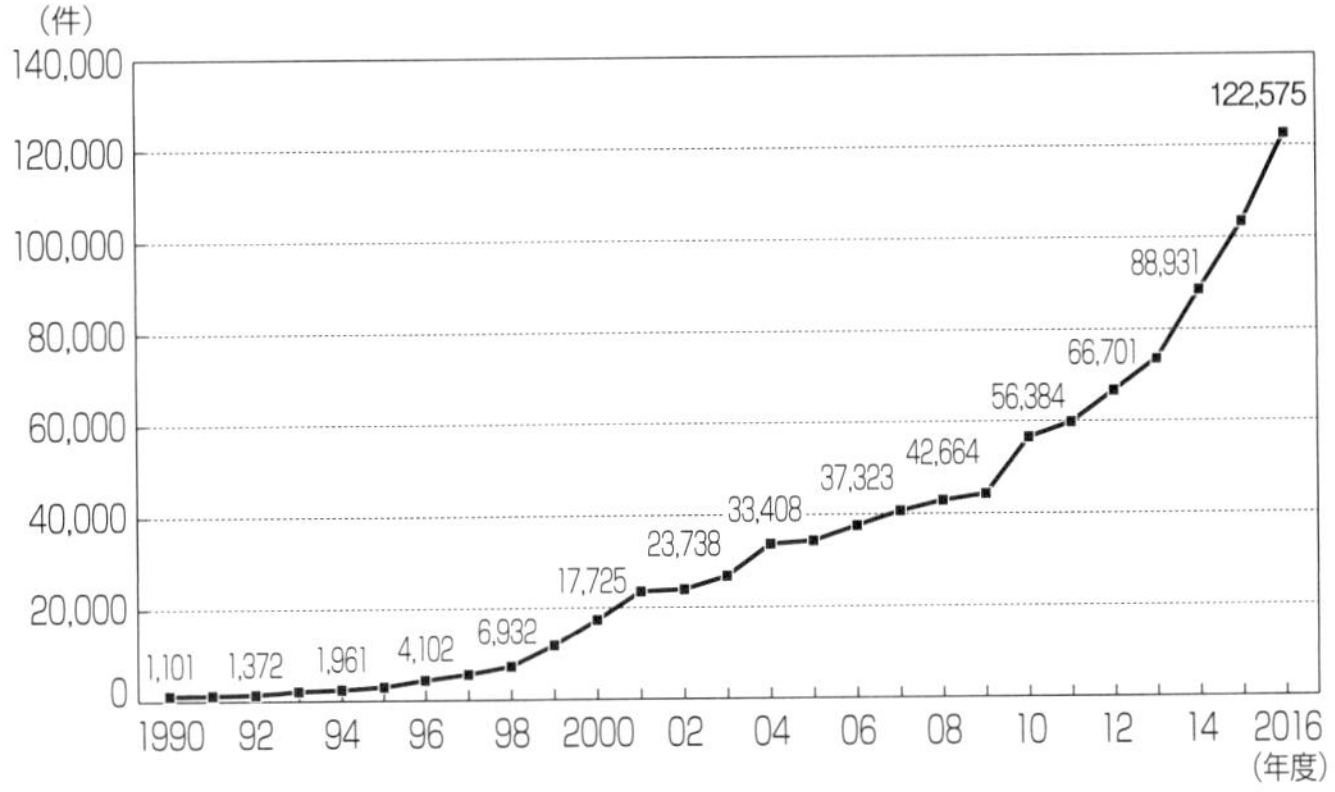

（出所） 厚生労働省（2017）

関する法律の成立によって定義が初めて法定化されたころから比較すると、年々増加の一途をたどり約七倍になっている（図一-四）。

では、なぜこのように児童虐待が増加しているのだろうか。児童虐待の認知が高まり、通報義務が周知されてきていることは大きい。児童虐待が起きた家庭への調査結果からは、虐待の背景として「親の未熟」「親族関係の不和」「社会的に孤立」「精神的に不安定」「多額の借金」などがあることが示され、診断名こそついていないが、精神不安定や人格障害の疑い、アルコール依存などの傾向のある親が六七・二％と高い数値であることが報告されている（高橋ほか 二〇〇四）。また、第2節で示した厚生労働科学研究の第三次調査における孤立や不安などを含む育児負担感の高い群が、そのまま不適切な養育に・八九という高い相関で関連するという結果が見られた（山野 二〇〇五）。つまり

図 1-5　学校の管理下・管理下以外における暴力行為発生件数の推移

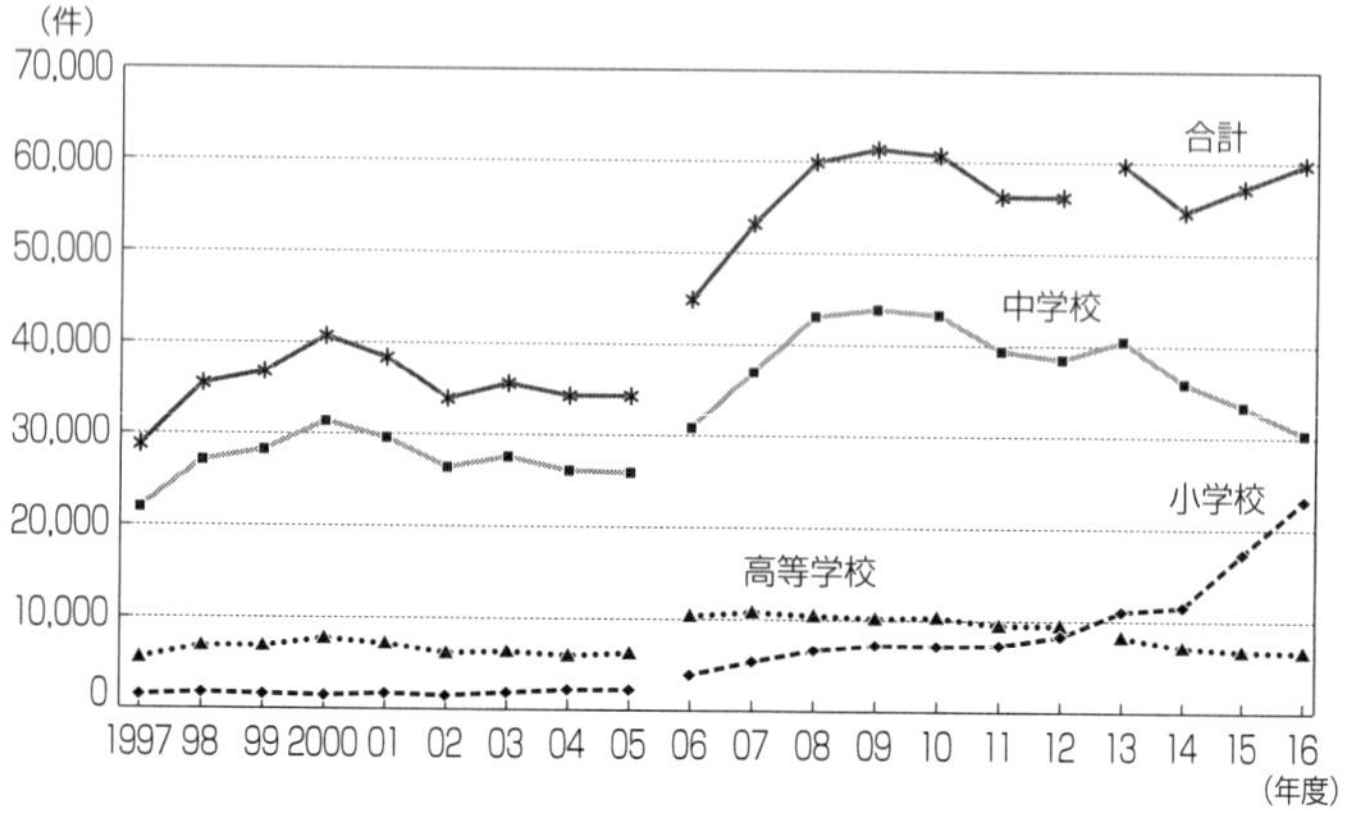

（出所）　文部科学省（2018）

育児不安にさまざまな要因が重なって、そのまま不適切な養育につながっていく可能性がある。年々、子育て層の孤立や子育て不安は増えており、乳幼児健診の時期に全数の三分の一から半数の母親が不安をもっているとされる。そのような母親が、そのまま不適切な養育に向かってしまう可能性が否めない。この点は、児童虐待の増加と同じように危惧される。さらに東京都の調査では、貧困と虐待の関連も報告されている。つまり孤立が、児童虐待を生み、その際、貧困とも絡み合うとさまざまな危険をよりはらんでいくことになる。

次に暴力行為を見ていく。文部科学省の「平成二八年度　児童生徒の問題行動・不登校等生徒指導上の諸課題に関する調査」結果（確定値）から読むと、学校の管理下・管理下以外における暴力行為は二〇〇九年度の合計六万九一五件をピークに、二〇一六年度では合計五万九四四四件と高校生や中学生については減少傾向である。他方、小学生が約一〇年前の六倍ほどに増加し、小中高の合計では一〇〇〇人当たりに四・四件となっている（図1-5）。厚生労働省が行った二〇一三年の全国児童自立支援施設における調査では、何らかの虐待を受けたことのある入所児童が約六割を占め、二〇〇〇年の法務総合研究所が行った「少年院在院者に対する被害経験のアンケート調査」では、在院者の約七割に身体的虐待あるいは性的虐待の被虐待経験のあることが報告されている（法務省 二〇〇一）。児童虐待は非行につながる関連性を浮かび上がらせている。

不登校については、一見減少あるいは横ばいにも見えるが、全生徒数との割合で見ると一九九三年の〇・五五％から、二〇〇三年の一・一五％と発生率が一〇年間で倍増し、二〇〇七年一・二〇％まであがって、その後減少傾向にあったが、二〇一六年は一・三五％と過去最多（小中学校では七四人に一人）となっている。またカウントとしては、長期欠席者のなかで、病気、経済的理由、不登校、その他と分類し、不登校が抽出される。しかし、文部科学省の不登校の定義は、「何らかの心理的、情緒的、身体的、あるいは社会的要因・背景により、児童生徒が登校しないあるいはしたくともできない状況にある者（ただし、「病気」や「経済的理由」による者を除く。）をいう」とされていて、社会的要因・背景と経済的理由の違いは非常にあいまいである。さらに不登校の主たる要因に、必ず一つ「本人に係る要因」を選択、さらにその要因の理由となるものを複数回答可で「学校、家庭に係る要因」を選択させ分類している。「家庭に係る状況」は「家庭の生活環境の急激な変化、親子関係をめぐる問題、家庭内の不和等が該当する」となっている。家庭に係る状況による欠席が、小学校では五三・三%、中学校では二八・九%となる。これらは、ネグレクトのうち、不登校に三〇%ほど関連していく（安部 二〇一二）という指摘とつながり、児童虐待がかなりの割合で不登校を生むともいえる。

中退については、貧困層のポイントの高さは明確である。高校進学率の差は、一般が九八・六%（文部科学省 二〇一三）、児童養護施設入所児では九六・六%（厚生労働省 二〇一三）、生活保護家庭九〇・八%（厚生労働省 二〇一三）、ひとり親家庭九三・九%（厚生労働省 二〇一三）と一ポイントから八ポイントほどの差であるが、中退率となると、一般一・五%（文部科学省 二〇一三）、生活保護家庭五・三%（厚生労働省 二〇一三）と三倍から一〇倍近い差になる。

自殺については全年齢では減少傾向であるが、中学生年齢は増加傾向にあり、二〇一五年一〇〇件を超えたと報告されている（内田 二〇一六）。割合が低いからいいということではない。二〇一六年児童福祉法の一部が改正され条文に明示された「児童の権利に関する条約の精神にのっとり」、「その最善の利益が優先して考慮され」ることを考えると、少数でも自殺があるということ、三桁にものぼったということが重要である。

以上から、貧困や孤立が児童虐待をもたらし、児童虐待が非行や不登校をもたらし、結果的に学校において学習する機会が減り、学力低下となって中退などを生み出し、貧困が再生産されてしまうという流れが見える。このサイクルが繰り返されている層が、三〇％近くいるかもしれないことに警鐘をならしたい。この数値は、すでに児童相談所が扱う一部の子どもの問題とは言えない数値である。

さまざまな家庭の事情によって進路の選択肢が狭められたりしている子どもたちが決して稀少な存在ではないことがわかる。「問題」と映る子どもたちの行動には、さまざまな家庭の背景があり、その行動は子どもたちの心の叫びとして繰り返されていると言っても過言ではない。そして、その家族もさまざまな苦しみを抱えている。

4　すべての子どもが通う学校の意味

では、これらの三〇％近くの子どもたちをどこで発見できるかと考えると、義務教育であり、すべての子どもたちを把握できること、生活に密着し子どもや家族にとって大変身近であることからも、学校しかないのではないだろうか。事件にからむことになった、さまざまな角度からの悲痛な見えない叫びを今一度思い出して考えたい。「この子がまさか」ではなく、目の前の子どもがもしかしたら、想像を絶する道筋を歩いているかもしれない、歩くことになるかもしれないと、特別ではなく当たり前に一歩踏み込んだ目線をもてないだろうか。

児童相談所や市子ども家庭相談室、児童福祉施設において支援される子ども、接することができる子どもはごく一部にしか過ぎない。それに対して学校は、すべての子どもたちを視野に入れることができる。だからこそ、先述した悲惨な子どもや家庭の状況をいち早くキャッチできる可能性がある。この早期発見は先述した貧困、孤立、虐待、不登校、非行すべてに対してである。日常、子どもを見ている教師はちょっと気になることをいち早くキャッチしている。しかし、非常に苦しい思いをしながら、自分では対応しきれない、家庭の問題だからとやむをえずにふたをすることもある状況である。この問題の詳細は、第4章で述べよう。つまり、学校における発見はすでにかなりの数なされている。しかしそれを拾って対応する、つないでいく仕組みが現状の学校にはない。

例えば、詳細は第3章で述べるが、現在の行政の仕組みの中で、子どもたちを全数把握できるのは保健所、保健センターの健診のみであり、そこでは子どもたちの発達保障の観点でスクリーニングにかけ、さまざまなサービスを展開し、丁寧に次のステージにつないでいる。つまりつなぐ先がわかっているので、発見したあとにスムーズに次のステージへ流れていく。日常的に保健センターなど保健部門と家庭児童相談室など市町村児童相談部門や児童相談所、場合によっては保育所や発達障害者支援センターなど複数の専門のメンバーによる連絡会などを定例で行っている。そのためにどこにつないだらいいか明確であり、そのアセスメントとプランニングをこれらの複数機関、複数メンバーで行っている。

しかし、これらは保健機関を中心にしている連絡会であるため、対象は就学前である。義務教育年齢になるとこの連絡会の対象ではなくなり、連携して追っていた事例やケアしていた事例が、学校でどうなっているかまったく見えなくなる。また同様に、学校では、今までの経緯も外でどのように関係機関がケアしていたかもまったく見えない。つまり就学すると、とたんに子どもや家族の把握やサービス提供が困難になるというのが、日本の現状の仕組みであるといって過言ではない。

ただし、先述した居所不明児童の数は、就学前児童が二八名中一七名と就学後よりも多い。つまり、そもそも出産後届出がなされないなど行政の健診の仕組みにのらない事例には対応できないことになる。それは学齢児でも同じであるが、ここで伝えたいのは、健診が完璧であることではなく、せっかく毎日ほぼすべての子どもが通っている場があるにもかかわらず、発達という観点で追っていく、網にかける仕組みが就学後にはないことを問題にしている。仕組みがあるにもかかわらず、拾えない難しい場合と仕組みがなくてこぼれてしまう場合は違う。

つまりシステム的に見たとき、子どもの最善の利益を考えると、就学前ではなされていた仕組みがなくなることはサービスの低下であり、就学後も同様の仕組みを作る必要がある。全数把握できるのは、就学後では学校しかありえない。しかしこれは教師がすべきだと述べているのではなく、仕組みとして学齢期に何らかのシステムを入れるなどの制度設計を考える必要があると指摘したい。

5　学校におけるソーシャルワークの意義

スクールソーシャルワークという枠組み

以上のような仕組みを考えたときに，「学校は，あくまでも教育の場であって，貧困問題や親の状況を持ち込まれることに抵抗がある」との反論がある。日本の学校の成り立ちや経緯から考えるとそれも当然であろう。ここで注目したいのが，閉ざされた学校と関係機関や地域を結ぶために機能すべきスクールソーシャルワーク（以下，ＳＳＷ）という仕事である。筆者が指摘したいのは，ＳＳＷありきということではなく，子どもを中心にした社会の全体像のなかで，日本の子どもたちの現状から不足点として就学後の問題の発見や対応する仕組みを鑑みたとき，それをカバーし，開発する意味でのＳＳＷである。

かつて岡村（一九六三：一五四）は，学校福祉事業を「学習以前あるいは周辺の諸問題の教育的処理」と呼び，「学校教育の中心は学習活動であることはいうまでもないが，学習に立ち向かう児童・生徒の精神的・身体的・物質状態は，個々の児童によって同じではない……学校福祉の仕事は適応を調整してやるという，学校教育の第一線の仕事と直接結びついている」と述べ，「学校福祉の仕事が完全に行われて，はじめて真に教育の機会均等が達成されるのである」と学校福祉研究会（一九六三）

を引用して説明している。さらに、「生徒指導」「学校カウンセリング」と「学校福祉事業」の違いを明らかにしなければならないと強調し、「学校教育の核心的重要な機能」、「人格教育の一つ」と「学校および生徒を社会的存在としてとらえ、学校の行う教育活動を効果的ならしめるために、地域社会資源を動員・開発するような、協働社会組織化事業を必然的に伴うものである」と明確に違いを述べている（岡村 一九六三：一五六）。すでに説明してきた、発見できる仕組み作り、就学前からつながる仕組み作りは、まさに学校を社会的存在としてとらえ、課題を抱える子どもや家庭を早期発見できるようアプローチすることである。

現在、文科省では「教育分野に関する知識に加えて、社会福祉等の専門的な知識や技術を有するスクールソーシャルワーカー（以下、ＳＳＷｅｒ）を活用し、問題を抱えた児童生徒に対し、当該児童生徒が置かれた環境へ働き掛けたり、関係機関等とのネットワークを活用したりするなど、多様な支援方法を用いて、課題解決への対応を図っていくこととする」と示し、二〇一七年四月学校教育法施行規則において「児童の福祉に関する支援に従事する」とＳＳＷｅｒの職務を法律に明記した。ソーシャルワークのグローバル定義が、二〇一四年に改訂されて「ソーシャルワークは、社会変革と社会開発、社会的結束、および人々のエンパワメントと解放を促進する、実践に基づいた専門職であり学問である。社会正義、人権、集団的責任、および多様性尊重の諸原理は、ソーシャルワークの中核をなす。ソーシャルワークの理論、社会科学、人文学、および地域・民族固有の知を基盤として、ソーシャルワークは、生活課題に取り組みウェルビーイングを高めるよう、人々やさまざまな構造に働きかける」とされた。このソーシャルワーク実践を学校レベルで行う仕事がＳＳＷであると認識できよう。そしてソーシャルワークのシステムレベルはミクロのみならず、メゾ、マクロアプローチが存在し、まさに岡村の言う学校および生徒に働きかけることが含まれる。さらに発端となる働きかけは小さなレベルでも、それを後世に残せる仕組みにして政策化していくことを意識する（マクロレベル）。ＳＳＷの視点は、たえず、現状の前の時代からの経緯、次に送る子どもの姿を意識し（タテ）、学校外の機関の機能をも活用して（ヨコ）援助を展開していく。さらには、子どもたちが地域のなかで暮らしやすいシステム構築を視野に入れ、タテにもヨコにもつなぐ機能をもつ。

スクールソーシャルワークが果たす機能

もう少し学校においてソーシャルワーク実践が展開される意味を検討してみよう。例えば、冒頭に述べた少年事件や居所不明児童、児童虐待など、学校においてなぜもっと早く把握できなかったのかと問われる事案が増えている。ＳＳＷ導入によって、全数把握が可能な学校に、早期に気づく視点や手法が広まり、スクリーニングのシステムが構築される可能性がある。それは、ある種の社会変革であり社会開発である。ソーシャルワーク技法の一つであるアウトリーチ（自発的に支援を求められない人々に積極的に働きかけること）によって、自身では課題認識できない事例もピックアップされるように教師に働きかけ、潜在的ニーズを表面化することができる可能性がある。

まず教師から積極的に聞き取りを行い、必要な事例には教師に働きかける。アセスメントを丁寧に行うことにより、子どもや家庭の経済的問題や病気の問題などの背景を浮上させる。ここではじめて学校は対応の必要性が実感できる。何となく学校から働きかけにくい、問題として明確ではないとあきらめがちな事例に、子どもの最善の利益をベースに、介入の必要性を喚起していく。ここでいう介入は、児童相談所のような法的な強制介入ではなく、ソーシャルワークの基本の介入であり、さまざまな方法を用いて、子どもや家族と話せる関係を作り、援助にのせていくことをいう。すでに述べたように、表面化されていないために、問題の深刻さが見えず、あるいは教師が介入しにくい領域であるがために少年事件や児童虐待の発見が遅れる事例、児童虐待が発達、非行、不登校の影に潜んでいる事例への対応策の一つとなるであろう。学習に向かう児童・生徒の精神的・身体的・物質的状態をさまざまな資源を使って調整することで真に教育の機会均等の達成に近づける努力をする（岡村　一九六二）ことである。

このように子どもの抱えている問題の背景を明らかにし援助につなぐことが重要であり、そこにＳＳＷのアウトリーチの役割がある。問題種別に関係はない。スクールカウンセラーや特別支援教育関連の専門家などの領域と区分するものではない。全数把握が可能な学校であるからこそ、この作業に意味がある。ＳＳＷｅｒが全数把握のなかで発見を機能させる役割を担うことは、現代的課題の児童虐待においても非行、不登校においても重要な意味をもつであろう（山野 二〇一〇）。

この全数把握を生かすために重要な点は、ＳＳＷｅｒが学校に近い存在であることである。ＳＳＷｅｒが各学校に一人という配置になっていない現在の政策では、実際は、直接というよりは複数の子どもたちを見ている教師を経由してのＳＳＷｅｒの活用になる可能性が高い。たとえ配置場所が学校でなくとも、教師にとってＳＳＷｅｒが身近な存在でなければ意味がない。つまり、教師がＳＳＷｅｒを身近であると実感できないと、保護者への紹介に至らず、それでは児童相談所や市町村児童相談部門と変わらない。ＳＳＷｅｒが子どものみならず教師からの発見が可能な位置（物理的、心理的）にいることが重要である。

もう一点は、学校が子どもや親にとって身近な場であることから、ＳＳＷｅｒが存在することで学校が地域の拠点となる可能性がある。どこに相談に行っていいかわからないと感じる、あるいは児童相談所や市町村の児童相談部門には、行きにくいと感じる子ども・家族や教師は多い。学校にＳＳＷｅｒが機能し始めると、必要なところにマネジメントすることも含めて、相談することが身近になり、支援の範囲が広がる可能性がある。援助の必要な子どもへの対応も、児童相談所や市町村の児童相談部門よりも、より広く対応でき、かつ生活レベル、地域レベルでの援助が可能になる。こういった個別援助にとっても地域ならではの支援方法が見えてくる。

また、ＮＰＯや地域人材の活用をソーシャルワークの手法で実践することで、それが地域を活性化し、さまざまな問題行動の予防となる。例えば、地域の子育てサークルとの交流により、中学生や高校生が赤ちゃんと交流機会をもつことで、非行化傾向が変化したり、背景に不安をもつかもしれない子育て中の母親が子育ての見通しがもてたりしている。地域力がアップしていく可能性がある取り組みといえよう（山野 二〇一〇）。第6章に述べる子ども食堂を学校に作るような取り組みなども、コミュニティワークの視点が重要である。これは、まさに岡村が地域社会資源を動員・開発するような協働社会組織事業と呼んだ、その意味に近い。

子どもの問題につながる可能性のある貧困や孤立などが、全校生徒数の三分の一や半数という数字になるのであれば、さまざまな問題を未然防止するためには、このような取り組みを、全数把握の学校全体で取り組むことが重要で（例えばアメリカで行われている、すべての子ども、リスクの可能性がある全体の一五％の子ども、特別なケアを必要とする五％の子どもと区分した取り組み）、結果的に予防機能を果たすであろう（山野 二〇一〇）。現在のような問題の後追い施策だけでは児童虐待の減少一つとっても見通しが立たない。

以上、これら支援のベースが学校に存在する意義を踏まえるということは、市町村全体の状況の把握が必要であり、ＳＳＷが学校だけの資源にとどまるものではないという視点が必要である。子ども家庭相談体制全体を意識して、その上でのＳＳＷの仕組みにする必要があろう。今まではＳＳＷ実践が不明確であり、ＳＳＷの規定がしっかりされていなかったが、筆者らはこういった視点を実証研究から盛り込んだモデルを作成してきた（山野・三沢 二〇一五）。なおかつ文部科学省が取り入れてガイドラインを提示した。国の政策の経緯の詳細は第2章、モデルのことは第6章に記載するが、自治体による採用のあり方も含めモデルの社会実装が現在課題となりつつある。

これらの課題は、一九六三年当時から、岡村によって指摘されている。岡村は「各地でばらばらに行われている学校福祉」と述べ、「チーム・ワーク」によって仕事を進めて行くことを重視していた。まさに今の課題と同じであることは興味深い。一九六〇年代初頭からなされていた提唱から蓄積されないまま二〇〇〇年代になりSSWの動きが生じ、二〇〇五年の大阪の組織的な実践から二〇〇八年政府がようやく事業として開始し、さらに二〇一五年から法定化に向けて検討を始め、二〇一七年法に規定したということこの間の変化は大きいと思われるが、各地の実態としては、残念ながら、一九六〇年代とさほど変わっていない課題を抱えているといえよう。

以上、さまざまなマスコミで報道される事件等々は、子どもの現状から検討すると、それはとても一部の人々の問題ではないこと、背景に貧困や孤立が存在し悪循環が起きていることを指摘してきた。これらへの対応には、何ができるのか検討する必要性があり、子どもや家庭に身近で、義務教育である学校という場の重要な意味を述べた。発見や予防機能の仕組みを構築するにも技術が必要であり、そのためにSSWが求められるのではないか。また、学校を拠点にすることでどのような可能性があるのか検討する必要性があるのではないかと考える。
続く第2章では、国の方向性を確認したうえでこの問いを解明するために論を展開していく。

注

1　居所不明児童とは、住民票はあるのに自治体が居住実態を把握できない児童のことをいう。二〇一四年から全国調査がなされ把握されるようになっている。二〇一七年六月に一一都県に二八人いることが厚生労働省の全国調査で発表された。うち一一人は前年四月の調査から引き続き居場所がわからず、事件に巻き込まれている可能性もあるとされている。二〇一四年から三回目である今回の調査は、一六年六月時点で乳幼児健診を受けていなかったり、学校に通っていなかったりして連絡が取れず、市区町村が安否確認が必要と判断した、一八歳未満の一六三〇人を対象に実施した。また所在が確認された一六〇二人中、五七人には学校に通わせていないなどの虐待や、その疑いがあるという（毎日新聞 二〇一七）。

2　国民生活基礎調査における相対的貧困率は、一定基準（貧困線）を下回る等価可処分所得しか得ていない者の割合をいう。貧困線とは、等価可処分所得（世帯の可処分所得（収入から税金・社会保険料等を除いたいわゆる手取り収入）を世帯人員の平方根で割って調整した所得）の中央値の半分の額をいう。算出方法は、OECD（経済協力開発機構）の作成基準に基づく。EU、ユニセフ（ただし、常に六〇％基準採用ではない）は六〇％を採用している。

3　経済的理由により就学が困難な児童生徒に対する、学用品代や給食費などの援助。義務教育については憲法（二六条）、教育基本法（四条）に基づいて授業料が無償になっており、教科書も無償で配布されるが、なお経済的な理由により就学が困難な児童生徒については、必要な援助を講じなければならないとされている。補助の対象に以下の品目がある。学用品費、体育実技用具費、新入学児童生徒学用品費等、通学用品費、通学費、修学旅行費、校外活動費、クラブ活動費、生徒会費、ＰＴＡ会費、医療費、学校給食費。ただし、基準は自治体で決めるため、自治体の財政状況と照らして徐々に厳しくなり、本来は生活保護には至らないが経済的に厳しい家庭が対象であるものの、生活保護基準と同額になっているところもある。

4　注2において説明した等価可処分所得の中央値以下を困窮度Ⅲ（中央値以下から中央値の六〇％まで）、困窮度Ⅱ（中央値の六〇％から五〇％まで）、困窮度Ⅰ（中央値の五〇％以下）というように三段階の階層を示した。決して中央値の五〇％以下だけが厳しい状況にあるのではないことを示すためである。

引用文献

阿部彩（二〇〇八）『子どもの貧困──日本の不公平を考える』岩波新書
安部計彦（二〇一一）『要保護児童対策地域協議会のネグレクト家庭への支援を中心とした機能強化に関する研究』こども未来財団
足立区（二〇一六）『子どもの健康・生活実態調査　平成二七年度報告書』足立区・足立区教育委員会・国立成育医療研究センター研究所社会医学研究部（http://www.city.adachi.tokyo.jp/kokoro/fukushi-kenko/kenko/documents/3honpen.pdf 二〇一八年五月一日取得）
学校福祉研究会編（一九六三）『学校福祉の理念と方法』黄十字会出版部：長欠児童生徒援護会
浜井浩一（二〇一五）「犯罪統計は誤解されている」荻上チキ・浜井浩一『新・犯罪論』現代人文社、六-五六
原田正文ほか（二〇〇四）『児童虐待発生要因の構造分析と地域における効果的予防法の開発』平成一五年度厚生労働科学研究（子ども家庭総合研究事業）報告書

法務省（二〇〇一）法務総合研究所　研究部報告一一『児童虐待に関する研究（第一報告）』
厚生労働省（二〇一三）「児童養護施設入所児童等調査結果」（http://www.mhlw.go.jp/file/04-Houdouhappyou-11905000-Koyoukintoujidoukateikyoku-Kateifukushika/0000071184.pdf 二〇一八年四月二八日取得）
厚生労働省（二〇一七）「第二〇回児童虐待防止対策協議会資料三-六：児童相談所での児童虐待相談対応件数とその推移」（http://www.mhlw.go.jp/file/06-Seisakujouhou-11900000-Koyoukintoujidoukateikyoku/0000187635.pdf 二〇一八年五月一日取得）
九社連児童養護施設協議会（二〇一三）「自立支援の実態調査報告書」
毎日新聞（二〇一七）「所在不明児　一一都県二八人　うち一一人は昨年から」六月二九日（https://mainichi.jp/articles/20170629/k00/00e/040/271000c 二〇一八年四月二九日取得）
箕面市（二〇一七）『平成二八年度（二〇一六年度）箕面市における子どもの貧困実態調査報告書』箕面市・業務委託者大阪府立大学
文部科学省（二〇一三）「平成二五年度学校基本調査（確定値）」（http://www.mext.go.jp/component/b_menu/other/__icsFiles/afieldfile/2014/01/29/1342607_1_1.pdf 二〇一八年四月二九日取得）
文部科学省（二〇一八）「平成二八年度児童生徒の問題行動・不登校等生徒指導上の諸課題に関する調査（確定値）」（http://www.mext.go.jp/b_menu/houdou/30/02/__icsFiles/afieldfile/2018/02/23/1401595_002_1.pdf 二〇一八年五月一日取得）
鍋島祥郎（二〇〇三）『効果のある学校』部落解放・人権研究所
お茶の水大学（二〇一四）『平成二五年度全国学力・学習状況調査（きめ細かい調査）の結果を活用した学力に影響を与える要因分析に関する調査研究』文部科学省委託研究（http://www.nier.go.jp/13chousakekkahoukoku

/kannren_chousa/pdf/hogosha_factorial_experiment.pdf 二〇一八年一〇月五日取得）
岡村重夫（一九六三）『社会福祉学〈第二〉（各論）』柴田書店
大阪府立大学（代表山野則子）（二〇一七）「大阪府子どもの生活に関する実態調査」（http://www.pref.osaka.lg.jp/attach/28281/00000000/01jittaiyosahoukokousyo.pdf 二〇一八年八月三一日取得）
Ridge, T.（2002）*Childhood Poverty and Social Exclusion*, Policy Press（＝二〇一〇、中村好孝・松田洋介訳『子どもの貧困と社会的排除』桜井書店）
鈴木みゆき（二〇一〇）「子どもの食と生活リズム」『保育学研究』四八（二）、二八二－二八四
高橋重宏ほか（二〇〇四）「児童虐待防止に効果的な地域セーフティネットのあり方に関する研究」『平成一五年度厚生労働科学研究（子ども家庭総合研究事業）報告書』五－一一六
所道彦（二〇一五）「第９章　イギリス」埋橋孝文・矢野裕俊編著『子どもの貧困／不利／困難を考える』ミネルヴァ書房、一八九－二〇三
坪井節子（二〇一一）「教育という名の虐待」日本子ども虐待防止学会第一七回学術集会いばらき大会報告
内田良（二〇一六）「『逃げる』という選択肢　中学生の自殺　一七年ぶりの年間一〇〇件超に向き合う」（https://news.yahoo.co.jp/byline/ryouchida/20160505-00057361/ 二〇一八年八月一六日取得）
山寺香（二〇一七）『誰もボクを見ていない――なぜ一七歳の少年は、祖父母を殺害したのか』ポプラ社
山野則子（二〇〇五）「育児負担感と不適切な養育の関連に関する構造分析」『平成一六年度厚生労働科学研究（子ども家庭総合研究事業）報告書』一一八－一三七
山野則子（二〇一〇）「スクールソーシャルワークの役割と課題――大阪府の取り組みからの検証」『社会福祉研究』一〇九号、一〇－一八

山野則子・三沢徳枝ほか（二〇一四）「A市キャリア・ナビ（高等学校等定着支援）事業における事業評価研究二〇一三年度報告書」生活困窮者支援における都市型モデル構築研究会、大阪府立大学
山野則子・三沢徳枝（二〇一五）「学習支援プログラム参加者の状況を視野に入れた支援の可能性——アセスメントシートの分析から」『社会問題研究』六四、四七-五七

第2章

国の動きと法的な枠組み

第1章で述べてきたような子どもや家庭の実態のなかで、福祉的な課題への具体的対応としては、厚生労働省施策が中心となって動いてきた。子ども虐待やさまざまな子どもの問題は保育、子育て支援、社会的養護の課題として、それぞれに施策展開がなされてきた。子ども家庭福祉では、対象となる子どもの年齢による対応の違いはなく、一律に要保護状態の子どもかどうかという観点で動いてきたのである。他方学校教育では、子どもたちの生活背景による対応の違いはなく、一律に教育を受ける子どもという観点から見てきたのである。もっと言えば学校教育は平等であることを重視し、あえて子どもにより差をつけない対応をしてきたともいえる。これら福祉と教育の視点の違いは、相互に重要な基本的なことであるが、実はさほど互いに確認してきたわけではない。

その結果、子どもの家庭や学校での生活には重なりがあるにもかかわらず、それぞれがそれぞれを包括していない。つまり、極端な言い方をすれば、福祉が各法律のラインとなる年齢かどうか以外に子どもの年齢にさほど関心を示さないように、学校の教師側は子どもの家庭が経済的に苦しい状況にあるかどうかに関心をもたない傾向があった。結果、教師は毎日給食のパンをもって帰る子どもをどこかに伝えたり、何か対応を行ったりするという発想に至らないこともある。他方で福祉の側は、対応する子どもが学校のなかでどのような位置でどのように過ごしているか想像することが難しい。同じ「子ども」なのに見ている視点が違うため見え方が違うということが起き続けている。さらにそれを共有する機会がない場合が多い。

そのようななかで公的に大きな共有の場をもったのは、厚生労働省と文部科学省が入った内閣府の子どもの貧困対策に関する検討会である。明確にそれぞれの立場から学識研究者が入り、議論がなされた。その後、「チーム学校」の内容を決めていく児童生徒の教育相談等に関する調査研究協力者会議（二〇一五年一二月から二〇一七年四月の学校教育法施行規則の法改正まで）もそれぞれを代表するメンバーで構成された。これらの動きを含めて、文部科学省がどのような制度を動かし始めたのか、あるいはそこに至る文科省における比較的福祉に近い社会教育、家庭教育の動向について、福祉的な視点から見ていくこととする。全体の年表を章末に掲載している（表二―一）。

1 「学校」に関係する国の動向

子どもの貧困対策からの動き

子どもの貧困対策を総合的に推進するために講ずべき施策の基本となる事項を定めた「子どもの貧困対策の推進に関する法律」が、第一八三回国会において成立し、二〇一四年一月に施行された。これを受けて、政府が定めるべき大綱について、子どもの貧困対策に関し見識を有する者等の関係者の意見を聴取し、その案の作成に資するため、子どもの貧困対策に関する検討会が立ち上がり、二〇一四年八月「子供の貧困対策に関する大綱」が出された。貧困の世代間連鎖の解消と積極的な人材育成、子どもに視点を置いた切れ目のない施策の実施、子どもの貧困の実態を踏まえた対策の推進、子どもの貧困に関する指標を設定しその改善に向けて取り組む、など四点を中心に方針が明記され、教育の支援、生活の支援、保護者の就労支援、経済的支援が打ち出された。さらに学校をプラットフォームとした総合的な子どもの貧困対策の推進が打ち出され、その対策のトップにスクールソーシャルワーカー（以下、ＳＳＷｅｒ）が記載された。

ちょうどこのころ、生活保護費の不正受給や受給者増加などに対応するとして、生活保護法の一部を改正する法律が二〇一三年一二月に生活困窮者自立支援法とともに成立した。施行は二〇一四年七月（一部は二〇一四年一月）からであった。つまり生活保護法の見直しとともに子どもの貧困対策が検討されていた。しかし、子どもの貧困対策に関する検討会では生活保護法の動向が説明されたり議論されたりすることはなかった。子どもの貧困対策の話は、当時の下村大臣の意向もあり、厚生労働省よりも文部科学省に重心が置かれている感が強かったといえよう。

大綱策定を受けての文部科学省の初動を紹介する。二〇一五年三月に文部科学省生涯学習政策局と初等中等教育局から各自治体の首長と教育長に「生活困窮者自立支援制度に関する学校や教育委員会等と福祉関係機関との連携について（通知）」として、「子どもの貧困対策の推進に関する法律」「子供の貧困対策に関する大綱」の方向性に触れながら、新制度を所管する福祉部局等との連携を積極的に進め、所管の学校、域内の市町村教育委員会及び関係機関等に周知徹底するよう通知している。同時に同じものが厚生労働省から「生活困窮者自立支援制度と教育施策との連携について（通知）」として各首長に出されている。

このころ、文部科学省や政府では、第1章で述べたように相次ぐ悲惨な少年事件が生じたこともあり、貧困や福祉的な視点について、大臣レクや省内勉強会、中央教育審議会（以下、中教審）作業部会、総理官邸で開かれた「子供の未来応援国民運動」発起人集会、さらには教育再生会議などで知る機会を作っていた。

ここで出された学校プラットフォームという用語には、当初深い意味があったわけではないが、政府として打ち出した意義はあると考える。実際に学校プラットフォームとは何を意味するのか、どうあるべきかについては、今後、意味づけを行い、機能する形をどう作っていくのかは課題となった。

文部科学省中央教育審議会からの動き

そして文部科学省において子どもの貧困対策とも関連する学校のあり様についての議論がなされた中教審について少し触れよう。二〇一四年七月、教育再生実行会議「今後の学制等の在り方について」（第五次提言）を受けて中教審初等中等教育分科会の下に「チームとしての学校・教職員の在り方に関する作業部会」が開始されていた。

さらに、二〇一五年三月、教育再生実行会議の「『学び続ける』社会、全員参加型社会、地方創生を実現する教育の在り方について」（第六次提言）を受けて、文部科学大臣は中教審に対し諮問を行い、初等中等教育分科会の下に「地域とともにある学校の在り方に関する作業部会」、生涯学習分科会の下に「学校地域協働部会」を設置し、初等中等教育局と生涯学習政策局が合同会議としてかなりの議論を重ねた。その際にもうひとつの「チームとしての学校・教職員の在り方に関する作業部会」も含む三つの部会によって、さまざまな角度から学校のあり様、学校を支える地域のあり様が議論された。三部会合同会議とはならなかったが、議論の末、最後に「チームとしての学校」（ここでは以後、「チーム学校」とする）と「学校と地域の効果的な連携・協働推進体制」の関係図（図２‐１）が示されたことの意義は大きい。そして、同年一二月に、中教審は、「これからの学校教育を担う教員の資質能力の向上について――学び合い、高め合う教員育成コミュニティの構築に向けて（答申）」、「チームとしての学校の在り方と今後の改善方策について（答申）」、「新しい時代の教育や地方創生の実現に向けた学校と地域の連携・協働の在り方と今後の推進方策について（答申）」を提出した。

その後、チーム学校答申を受けて二〇一五年一二月から始まった児童生徒の相談体制の充実調査協力者会議においてスクールカウンセラー（以下、ＳＣ）やＳＳＷｅｒのガイドライン作りがなされ、二〇一七年二月には、「児童生徒の教育相談の充実について――学校の教育力を高める組織的な教育相談体制づくり（報告）」としてまとめられた。ここに至るまでに、二〇一二年に筆者らが作成し、文科省に機会があるたびにその必要性と内容提示を行い、チーム学校答申にも引用された「エビデン

図 2-1 「次世代の学校・地域」創生プラン（文部科学省資料より作成）

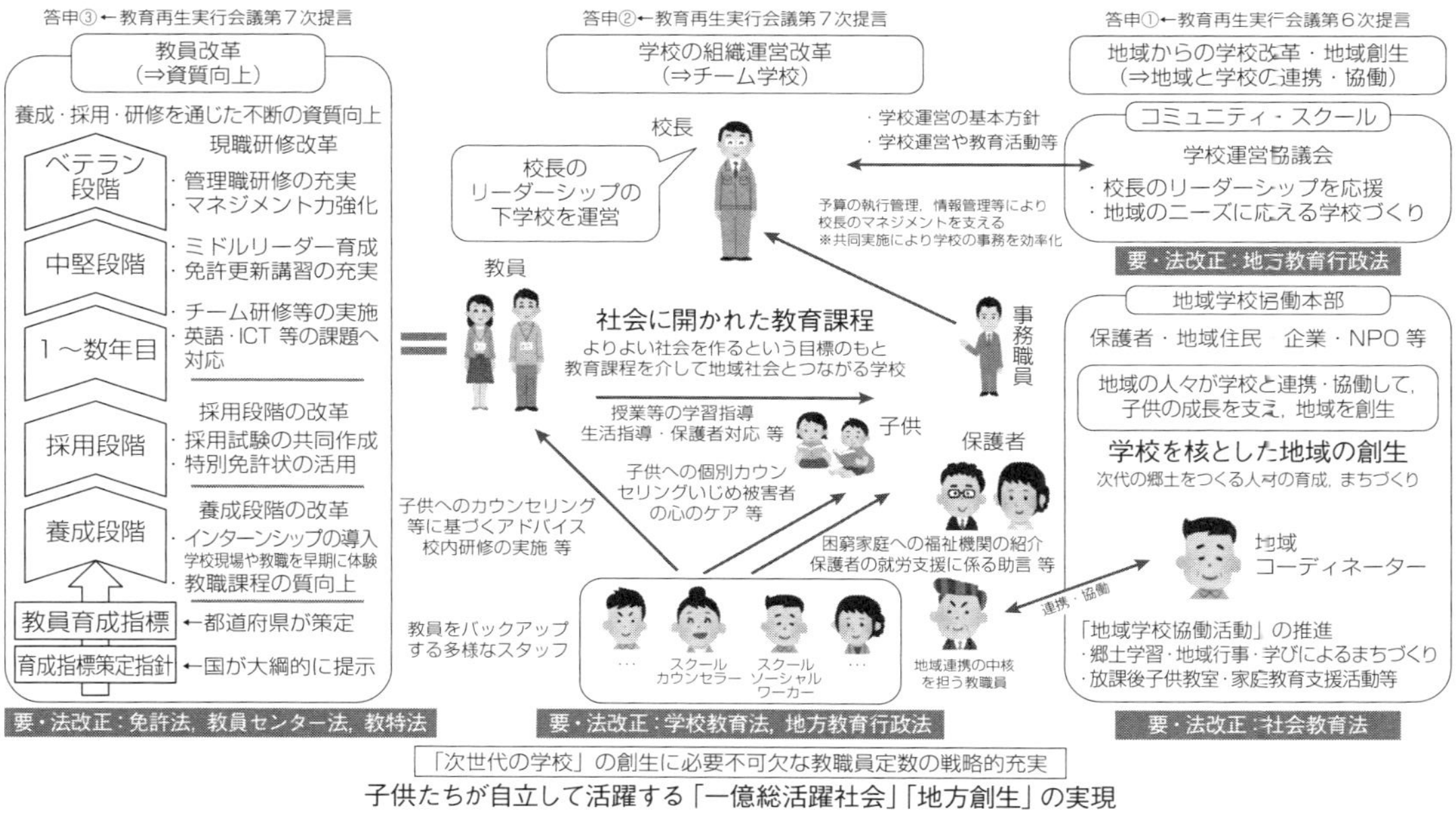

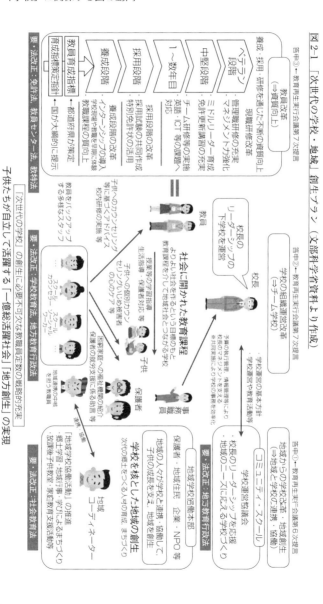

スに基づく効果的なＳＳＷｅｒのあり方」もこのＳＳＷｅｒガイドラインに多く反映された。こうしたさまざまな動きの結果、二〇一七年四月「学校教育法施行規則の一部改正」によって、ＳＣおよびＳＳＷｅｒの職務は新たに学校職員として規定されることとなった。これは二〇一五年一二月答申の「チーム学校」の後の動きであり、残りの「地域とともにある学校」であるコミュニティ・スクールと「地域学校協働」に関連する法改正も同様になされた。コミュニティ・スクール関連では、地方教育行政の組織及び運営に関する法律の改正によって、学校運営協議会の設置が努力義務とされた。地域学校協働では、社会教育法の一部改正によって、地域学校協働活動推進員を置くことができる、と法律の整備を行い、一連の動きが帰結した。

ここで出された「チーム学校」「コミュニティ・スクール」「地域学校協働」について詳細は一部後述するが、まず基本的なことを確認する。教育には、学校教育、社会教育、家庭教育と三つの教育が位置づけられている。学校教育は、学校教育法のなかに規定されている学校（小中高等学校、大学のみならず専修学校、各種学校含む）で行われる教授言語による教育を指し、社会教育とは、社会教育法第二条において、「学校の教育課程として行われる教育活動を除き、主として青少年及び成人に対して行われる組織的な教育活動（体育及びレクリエーション活動を含む。）」と定義されている。家庭教育とは、家庭で行われる教育作用をいう。チーム学校は、専門家も交えてチームで子どもたちを見ていこうとするものであり、学校教育の範疇の話であるため初等中等教育局児童生徒課が所管する。地域学校協働活動は、地域の高齢者、成人、学生、保護者、PTA、NPO、民間企業、団体・機関等の幅広い地域住民等の参画を得て、地域全体で子どもたちの学びや成長を支えるとともに、「学校を核とした地域づくり」を目指して、地域と学校が相互にパートナーとして連携・協働して行うさまざまな活動を指し、生涯学習政策局社会教育課が所管する。関わる大人を学びの主体ととらえるコミュニティ・スクールは、学校が地域住民等と目標やビジョンを共有し、地域と一体となって子どもたちを育む「地域とともにある学校づくり」を推進するもので、地方教育行政として初等中等教育局が担っている。

これらの答申は、今までの学校の概念を超えるものであり、この協働案は、ある種、子どもの貧困対策で出された学校プラットフォームの内容に関連するものともとらえられる。チーム学校として校内での検討拠点を作り、必要なら専門機関、地域人材とつなげながら、子ども支援や学校支援に展開していく方向が感じられる。チーム学校、地域とともにある学校、地域学校協働という考えは、それらが個々にあるだけではなく、リンクすることで、さまざまな支援が必要な子どもに身近に届く拠点となる、貧困対策のイメージとも関連する。

2　社会教育の取り組み

この動きの理解を進めるためにも、地域学校協働を所管し、コミュニティ・スクールに非常に深く関連する社会教育に関する、今に至る経緯を確認する。実は、社会福祉と親和性が高いのは、歴史的には学校教育よりも社会教育や家庭教育である。

近代社会教育の始まり

教育の仕組みは、先述したように、家庭教育、学校教育、社会教育と分かれている。教育委員会は、半分以上、教師が異動で指導主事を担っている職場であるが、学校文化が浸透している学校教育と、福祉的な視点に近い家庭教育・社会教育とでは内容も視点も違いがある。社会教育分野の経験者が、異動で学校に戻ったときには、違った視点で地域や人に触れてきた経験が個人的なものとなり、その経験を生かした活動を展開する方向が整っておらず、学校の通常のあり様のなかの「教師」に戻ってしまうことは、大変残念なことであるが、それくらい両者には違いがあり、学校文化のパワーはゆるぎない。この詳細は第４章で述べる。ここでは、いずれにしても福祉と親和性の高い社会教育や家庭教育と福祉の関連を見る。実は教育と福祉の関連は、学校教育というよりも、ここからスタートしたといえよう。

社会教育という概念の誕生は、明治一〇年代の末期から二〇年代前半の産業資本の成立期にさかのぼる。当時の社会的貧困や労働問題の発生に対応して生まれたものである。その典型として、山名次郎の社会教育論がある。「社会は一個の有機体なれば自己を教育するの必要は明白にして即ち社会教育の主義は社会とともに発展すべきものというべきなり」（山名 一八九二）として、社会自ら行う教育を社会教育としてとらえ、国家が行う学校教育を補足するものとしてとらえられていた。そして大正デモクラシーの時期に初代社会教育局長になった乗杉嘉寿（一九二三）は、「社会における個人は常にその社会の成員たるに適する資質と能力を養うことが必要」として、「学校教育を延長、補足すると同時に、学校教育に対して特別な刺激を与え、且新味を加え、之が内容・形式までも変化をきたすものである」としている。その後、教育は特権階級が占有すべきものではなく、一般民衆が地位や境遇の差別を超越して求めるようになり、これを充たすのは単に学校教育では不可能として、学校教育の補足として社会教育の必要性が痛感されてきた。

こうした戦前の社会教育論を批判的に継承した宮原誠一（一九五〇）は、近代社会教育の発達形態を学校教育の補足、学校教育の拡張、学校教育以外の教育的要求、この三つに整理した。この時代、社会教育を大きく発展させた大きな条件は、デモクラシーとテクノロジーであった（福尾 一九七六）。社会教育は、あらゆる階層のすべての人の全面的な学習活動に関する概念として、確認されなければならなくなった。宮原（一九五〇）は、「近代的な学校教育と社会教育を通過して、異なる次元において、ふたたびこの教育の原形態としての社会教育にかえろうとしている」と表現している。

社会教育法の成立と福祉関連

一九四九年に策定された社会教育法では、先述した定義とともに、「国及び地方公共団体の任務」として、「国民の学習に対する多様な需要を踏まえ、これに適切に対応するために必要な学習の機会の提供及びその奨励を行うことにより、生涯学習の振興に寄与すること」、「社会教育が学校教育及び家庭教育との密接な関連性を有することにかんがみ、学校教育との連携の確保に努め、及び家庭教育の向上に資することとなるよう必要な配慮をするとともに、学校、家庭及び地域住民その他の関係者相互間の連携及び協力の促進に資することとなるよう努める」としている。

このころ、社会教育のなかから福祉へと関連させた方向が生まれた。『社会教育論集』を出した教育学者である小川利夫は、社会教育から教育と福祉の関連をめぐる課題とした「教育福祉」問題へ取り組んでいくことになった（→第５章）。

現代の社会教育へ

その後、社会教育法は順次改正され整備・充実が図られている。一九七一年四月の社会教育審議会答申「急激な社会構造の変化に対処する社会教育のあり方について」では、「住民の意向を行政や施策の運営に反映させるためのパイプの役割」として社会教育委員が期待されると述べている。

一九八七年八月の臨時教育審議会の最終答申後、生涯学習振興のための諸施策が展開されてきたが、「生涯学習の振興のための施策の推進体制等の整備に関する法律」が、一九九〇年七月　日施行され、その付則第二項で、社会教育法第一三条、第五一条第三項の規定が改められ、戦後の社会教育行政に大きな役割を担った社会教育審議会は、新しい生涯学習審議会に吸収されることとなった。

一九九二年六月、文部省（現文部科学省、以下ここでの文部省記載はすべて現文部科学省のこと）生涯学習局長通知「社会教育委員及び同委員の会議の活性化について」が、同年五月、社会教育分科審議会報告「社会教育委員制度について――社会教育委員及び同委員の会議の活性化について」に基づき出されている。その内容には、社会教育委員は、長期的な課題にも取り組むこと、研究調査機能の充実、広報・広聴活動の活発化、定例会だけでなく臨時会や課題別小委員会の開催、他諮問機関等との連絡・調整、広い分野からの人材の確保、研修の実施や研修内容の充実などが示されている。

一九九八年九月、生涯学習審議会答申「社会の変化に対応した今後の社会教育行政の在り方について」では、「多様な人材を社会教育委員に登用できる社会教育法規定の見直し」、「会議の活性化や各種審議、提言活動、調査研究機能の強化」などが挙げられた。そして二〇〇〇年一一月生涯学習審議会社会教育分科審議会報告「家庭の教育力の充実等のための社会教育行政体制整備について」では、地域の子育てサークルの指導者やボランティア従事者を社会教育委員に委嘱できるようにして社会教育委員活動の充実を図ることを挙げている。ここに社会福祉、子育て支援に関連する子育てサークルが登場している。

一九九九年の社会教育法改正は、行政改革会議からの要請によるものであったが、本来の教育改革のための改正が二〇〇一年法律第一〇六号で行われ、二〇〇一年七月一一日に公布、施行された。この社会教育法の一部改正は、一九九八年九月の生涯学習審議会答申「社会の変化に対応した今後の社会教育行政の在り方について」の提言等が基礎になっている。

第一に、第三条に新たに第三項を追加し、社会教育は、学校教育、家庭教育との三者の連携、協力の要となり、家庭教育の向上に資するように必要な配慮をすべきものとした。第二に、教育委員会の事務を定める第五条に、家庭教育に関することがら、青少年に対する社会奉仕体験、自然体験活動に関することがらを明記し、第一五条第二項、第三〇条第一項の規定を改正して、社会教育委員、公民館運営審議会委員の委嘱に当たっては、家庭教育に関する学識経験者についても配慮することとした。なお、この社会教育法の一部改正と同時に学校教育法の一部改正が行われ、学校は児童、生徒の体験的な学習活動の充実に努めるものとし、この場合社会教育関係団体その他の関係団体及び関係機関との連携に十分配慮しなければならないとされた。

さらに、社会教育主事の資格要件を緩和し、社会教育に関係ある一定の業務の経験を、その資格に必要な実務経験として評価できることとした。二〇〇一年の社会教育法の一部改正は、これからの社会教育行政の展開に当たって極めて重要な改正であった。

生涯学習としての大きな位置づけ

その後、生涯学習の振興方策が中教審で議論され、二〇〇五年六月の諮問「新しい時代を切り拓く生涯学習の振興方策について」を受けて中教審において審議を開始し、二〇〇六年一二月の教育基本法改正による「生涯学習の理念」（第三条）、「家庭教育」（第一〇条）、「社会教育」（第一二条）、「学校、家庭、地域住民等の相互の連携協力」（第一三条）等の規定の充実を踏まえた提言を二〇〇八年二月、答申として行っている。これは次の大きなステップから位置づけを考えると、助走といえるかもしれない。

こののち、第1節で述べた、二〇一五年三月の教育再生実行会議の「『学び続ける』社会、全員参加型社会、地方創生を実現する教育の在り方について」（第六次提言）につながっていく。初等中等教育分科会の下に置かれた「地域とともにある学校の在り方に関する作業部会」、生涯学習分科会の下に置かれた「学校地域協働部会」とが共同で議論していくことになった。中教審初等中等分科会五回、同じく生涯学習分科会四回、同じく総会四回、さらに地域とともにある学校の在り方に関する作業部会一二回、学校地域協働部会一一回（両部会の合同会議五回含む）を経て、答申が取りまとめられ、一二月に文部科学大臣に手交された。この議論の場は、各回二時間半にもおよぶ議論を重ねたこと、初等中等教育局と生涯学習政策局が合同会議として議論したことなど、異例かつ画期的であった。各界、各所の思いが強く投入された大改革と思われるほど、答申の作成過程、内容ともに意義は大きかった。

3　家庭教育の取り組み

ここまでは社会教育の推進を追って見てきたが、同じく福祉との親和性という視点でいうと、家庭教育は福祉の領域にさらに近い。少し視線を家庭教育に向けてさかのぼってみる。家庭教育とは、文部科学省のホームページにおいて、「家族のふれ合いを通して、子供が、基本的な生活習慣や生活能力、人に対する信頼感、豊かな情操、他人に対する思いやり、基本的倫理観、自尊心や自立心、社会的なマナーなどを身につけていく上で重要な役割を果たしています」と記述されている。しかし、そもそも家庭教育について国が規定すべきものであるのかという議論は存在し続けている（木村 二〇一七）。

家庭教育学級

家庭教育学級について、「我が国の文教施策」（一九八八年）から見てみる。国は、親等の家庭教育に関する学習を奨励するため、市町村教育委員会が主に行う家庭教育学級に対して一九六四年度から補助を行っている。この学級の開設状況は、一九六四年度には八三二三学級であったが、一九八六年度には三倍強の二万六三四一学級が開設され、約一七〇万人が参加している。近年、特に、ＰＴＡが積極的に家庭教育学級を実施しており、全体の一割強を占めていた。このほか、市町村長部局や幼稚園、保育所などにおいても家庭教育に関する学習が推進されていた（文部省 一九八八）。開設場所は、公民館、小・中学校、幼稚園、保育所、さらには企業の中で行われているものもある。その学習内容は、子どもの心理的・身体的発達、基本的生活習慣の形成、家族の人間関係、親の態度・役割、妊娠・出産の基礎知識、学校教育との連携など、幅広く取り上げられている。なお、これらの学級の参加者は圧倒的に女性が多く、一九八六年度における男性の参加者数は全体の一四・五％、父親を対象として開設された学級は全体の二・〇％であったと報告されている。

乳幼児の育児に関する悩みや育児不安をもつ親が増加する傾向にあることから、文部省では、市町村教育委員会が行う従来の家庭教育学級の中に、一九七五年度から乳幼児期の子どもをもつ親を対象とした「乳幼児学級」、一九八一年度から新婚、妊娠期のこれから親になる男女を対象とした「明日の親のための学級」の開設を奨励した。また、一九八六年度からは共働き家庭を対象とした「働く親のための学級」を開設するよう奨励し、これらも保健所や保育サービスなどで実施されているものに近いが、それぞれの政策の連携などは見られず、別々に進行していると言わざるをえない。

文部省では、情報・資料の提供として、社会教育関係者が家庭教育学級等の事業を企画、実施する上での参考に資するため、一九八三年度から家庭教育資料「現代の家庭教育」を作成・配布している。さらに、マスメディアを活用した家庭教育に関する学習情報として、一九七〇年から（財）民間放送教育協会に家庭教育テレビ番組の制作、放送を委託し、全国ネットワークにより放送されていた。非常に力が入れられていたことがうかがえる。また、地方公共団体においては、親の育児不安や悩みにこたえるため、専門家の協力を得て、電話、郵便、巡回等による相談事業や家庭教育資料の作成・配布、テレビ番組の制作、放送などの情報提供事業が行われていた。

その後の一九九六年、「二一世紀を展望した我が国の教育の在り方について」（中教審　第一次答申）では、ゆとり教育によって完全週五日制によって親子の触れ合う時間を保証する方向が読み取れる。残念ながら、この方向は結局、子どもの完全週五日制に比べ、働く親の五日制実施が追い付かず、子どもだけが取り残されることになった家庭も多くあったであろう。子どもの相対的貧困率が、一九八五年の時点で一〇％を占めていた事実（阿部 二〇一四）から考えると、経済的理由から親が仕事に追われている家庭ほど子どもを取り残すことになったかもしれない。

家庭教育支援

先述の家庭教育学級からわかるように、基本的には、「家庭教育は、親又はそれに代わる者が子に対して行う教育であり、子どもの人間形成上重要な役割を担っている」（文部省 一九八八）とされるように、家庭教育は親の責任であるとされ、個別事情に特別な配慮はなく、一律に指導という姿勢で周知と支援を行っていた格好である。

現在の形に変化する第一歩が、二〇〇一年九月生涯学習政策局長決定による「今後の家庭教育支援の充実についての懇談会」である。二〇〇一年度七回、二〇〇二年度三回開催されている。会議の趣旨には、「最近、児童虐待の増加や校内暴力、不登校といった子どもの問題行動が深刻化している。こうした問題の背景として、近年の都市化、核家族化、少子化、地域における地縁的なつながりの稀薄化等により、親の間に、子どもの教育の仕方がわからないといった育児に関する悩みなどが広がっていることが指摘されている。このため、今後の家庭教育支援の在り方について検討を行い、もって関連施策の充実に資する」と記載されている。

そして、二〇〇二年三月に「今後の家庭教育支援の充実についての懇談会」中間報告が出されている。この特徴は、家庭教育支援の基本的考え方として「家庭教育は親の責任と喜び」として「社会の宝」として子どもを育てることを提示し、若い世代の特徴として、育児能力につながる体験の減少や中高年世代との意識ギャップ、意識・課題の多様化を指摘している。具体的な提案を見ると、父親の家庭教育参加の促進や企業等への働きかけ、子育ての社会化を促すムードづくり、家庭教育支援の基盤整備、これまで手が届きにくかった親等へのアプローチ、「子育てサロン」型学習スタイルの展開への支援、子育て情報の発信、学習機会や情報提供の工夫、子育てネットワークの形成の支援、家庭教育手帳、家庭教育ノートの活用の促進の方策など非常に具体的に出されている。また後述する家庭教育支援チームに関する点では、これまで手が届きにくかった人々に働きかけるといった、「戸口まで届く、心に迫る」取り組みを積極的に進めていくこと、具体的な方法としては、行政、学校、地域団体・サークル、ボランティアの連携により家庭教育のサポートチームを形成したり、幼稚園や小中学校に「子育て語り合いサロン」のような場を設けることから、「保護者リーダーの養成と保護者の輪を拡大すること」が考えられると記述されている。

これらの施策は現在の家庭教育支援の前身と判断できるであろう。ただ、ここではまだ根底に「親の責任」というニュアンスが残り、子育てへのプレッシャー軽減に具体的にはつながらなかった可能性は、その後の子育ての孤立や児童虐待の増加（→第１章）からわかる。しかし、父親の育児への参画や取り組みがクローズアップされる端緒となり、その後への影響は大きいと判断できる。具体的な取り組みとしても、保育や福祉の舞台で展開していた子育てサークルのネットワーク化や講座、居場所づくりなどが、家庭教育の舞台にも社会教育主事の取り組みに位置づけられたこともあり、例えば親学習講座も教育の一環としてかなり広がっていったことが理解できる。同じような講座でも、個の視点で主体性育成を基本にしたグループワークとして取り組む福祉の視点と、参加者を公平に扱い、広く市民としての親を育成する教育の視点の違いが生じている。

家庭教育支援チーム

その後、先述した二〇〇八年二月の「新しい時代を切り拓く生涯学習の振興方策について」の中教審答申を経て、二〇〇八年度より「地域における家庭教育支援基盤形成事業」として、子育てサポーター・リーダーや民生委員・児童委員、主任児童委員、教職員ＯＢなど地域のメンバーを中心とした「家庭教育支援チーム」を組織し、地域において孤立しがちな家庭や仕事で忙しい家庭などに対し、親同士の交流や学習機会への参加の促進を図るなど、地域のつながりづくりを中心にした支援基盤の形成が全国各地で取り組まれた。二〇〇九年度からは補助事業として再編され、支援が届きにくい家庭への相談体制の充実を図るため、「訪問型家庭教育相談体制充実事業」として「家庭教育支援チーム」が学校や福祉関係機関等と連携し、家庭や企業などを訪問して、相談対応や学習機会・情報提供など積極的に行うための支援手法の開発に取り組んでいる（文部科学省 二〇一〇）。しかし、当時の政権の事業仕分けにより事業としては廃止となり、二〇一〇年度からは、「学校・家庭・地域の連携による教育支援活動促進事業」となった。地域住民等の参画による「学校支援地域本部」「放課後子ども教室」「地域ぐるみの学校安全体制の整備」「スクールヘルスリーダー派遣」などと並んで「家庭教育支援」も教育支援活動を引き続き支援するとして、各地域の実情に応じたそれぞれの取り組みを有機的に組み合わせることで、表向きは、より充実した教育支援活動を推進することとなった。

国の責務としての家庭教育支援

二〇〇六年教育基本法の改正によって、家庭教育の支援施策は、国と地方公共団体の責務として明記された。二〇一一年五月文部科学省に設置された「家庭教育支援の推進に関する検討委員会」において、これまでの家庭教育支援施策の検証と今後の家庭教育支援のあり方について検討を行い、報告書「つながりが創る豊かな家庭教育」を出した。

ここでは、二〇〇二年同様に子育て環境の変化を記述しているが、「家庭の教育力の低下」を否定し、子育てが難しくなってきている実態があり、その営みは社会の問題であることを明確に記載したことは意義深い。その詳細は以下、五点である。第一点は、「家庭の教育力の低下」（内閣府 一九九三）についての指摘は、子どもの育ちに関するさまざまな問題の原因を家庭教育に帰着させ、親の責任だけを強調することにもなりかねないとして真っ向から否定したこと、第二点に、親子間、地域や社会との間の関わりをもちながら子どもが成長発達していくことが難しくなり、親から子へ、そしてその次の世代へと伝承していく家庭教育を行うことが困難になっていること、第三点はゆえに家庭教育支援は重要な社会的課題であること、第四点に家庭教育が困難になっている社会の中で、家庭ではさまざまな課題を抱えながら子育てをしていると、まず教育関係者をはじめとする親子にかかわるものが認識することが必要であること、第五点に家庭教育の自主性を尊重しつつ施策を講じること、以上を指摘したことである。

これらの視点から、文部科学省は家庭教育部門において、家庭教育支援全般から家庭教育支援チームに焦点化し、「家庭教育支援チームの在り方に関する検討委員会」における審議の整理を二〇一三年度に行い、家庭教育支援チームによる支援をさらに普及させ、より効果的な取り組みを促進するための方策について整理した。それは、家庭教育支援チームの特性、役割として、すべての家庭において等しく主体的な家庭教育ができる環境整備を図るため、①保護者への寄り添い支援、②家庭と地域とのつながり支援、③家庭と学校など関係機関とのつながり支援、といった役割が期待されること、こうした役割に応じて、「当事者性」「地域性」「専門性」といった特性をもっていること、主体的な循環を生み出すことが重要であることを整理した。

さらにこれを進めて、二〇一六年には、「家庭教育支援手法等に関する検討委員会」を開催し、「訪問型家庭教育支援の関係者のための手引き」を作成した（文部科学省 二〇一六a）。可能な限り、必要であるが支援の届いていない家庭に届くよう、訪問型家庭教育支援という形でアウトリーチ型にアプローチ方法を広げ、専門家ではなく地域の身近な人材が訪問することによって、身近に話しやすい環境を作り、不安の解消や問題の深刻化を防ごうというものである。

二〇一〇年度からは「家庭教育支援チーム」登録制度を開始し、家庭教育支援チーム数の集計を開始したが、登録制度と補助事業等により国が把握している家庭教育支援チーム数は、二〇一〇年度：

一三三チーム（うち登録五四チーム）から、徐々に増加し二〇一七年度：七二一チーム（うち登録一九八チーム）となっている。各家庭教育支援チームは、手探りでその地域の特徴に応じた工夫を行いながら展開してきている。現在、問題行動等の予防としても、ＳＳＷｅｒとの連携やチームとなることで注目されつつある。

4　学校教育に関する議論

前節までにおいて、社会教育と家庭教育をめぐる現状を見てきたが、学校教育に関する議論にはどのような動きがあっただろうか。先述したように、二〇一四年七月、教育再生実行会議「今後の学制等の在り方について」（第五次提言）を受けて「チームとしての学校・教職員の在り方に関する作業部会」が、初等中等教育分科会の下に他の部会より先にすでに立ちあがっていた。ここでは、もうひとつの初等中等教育局の取り組みでもあったコミュニティ・スクールに関する議論とチーム学校の議論の二つについて解説する。

コミュニティ・スクール

コミュニティ・スクールとは学校運営協議会を導入した学校のことである。学校運営協議会とは、教育委員会が指定する学校ごとに学校運営に関して協議するためにおかれる機関のこと（地方教育行政の組織及び運営に関する法律第四七条の六）である。二〇一七年、小中学校を中心に三六〇〇校設置され、公立小中学校の一割に達した。

公立学校の管理運営のあり方に対する批判は、以前から存在し、一九九八年の中教審答申「今後の地方教育行政の在り方について」においては、各学校の自主性・自律性の確立と、自らの責任と判断による創意工夫を凝らした特色ある学校づくりの実現のために、人事や予算、教育課程の編成に関する学校の裁量権限を拡大することや、学校が保護者や地域住民に対してより一層開かれたものとなるよう「学校評議員制度」を導入することなどについて提言を行っている。そして、二〇〇〇年一月の学校教育法施行規則の改正により、地域住民の学校運営への参画の仕組みを制度的に位置付けるものとして学校評議員制度が導入され、その年の四月から実施された。

二〇〇三年五月「今後の初等中等教育改革の推進方策について」の諮問に対しての「今後の学校の管理運営の在り方について」（答申）では、なぜ学校の管理運営の在り方が問い直されているのかについて以下のような内容でまとめている。

学校教育の充実を通じた国民の教育水準の向上は果たしながらも、意識や価値観の多様化等に伴い、学校教育に対する要請がこれまでになく多様で高度なものになってきていることや、家庭や地域の教育力の低下を反映して豊かな情操や社会規範意識をはぐくむ教育の充実が求められていることがまず前提としてある。さらには不登校状態にある児童生徒や、いわゆる発達障害など特別な配慮を必要とする児童生徒に対するきめ細かな指導の充実も求められるようになっているが、現在の学校教育における教育は十分に応えていないのではないかとの批判がある。そして、公立学校教育が柔軟性や多様性に乏しいこと、自ら改革に取り組む動機付けが働きにくく、効率性が十分に意識されていないこと、閉鎖性が強く地域の一員としての意識や地域社会との連携を欠きがちであることなどが指摘されていることに触れている。そして改善方法として、例えば多様な主体による学校教育の提供を認めることや、外部の人材や資源を学校教育に積極的に活用すること、公立学校の運営に保護者や地域住民を参画させる仕組みを構築すること、包括的な運営を外部に委託することなど、学校の管理運営のあり方についてのさまざまな見直しが提言されている。しかし改善には困難もあり、従来とは異なる角度から学校の管理運営のあり方、新しい制度の導入の可能性を含めた検討を行うことが必要であるとされた。

学校管理運営については、校長の裁量で執行できる経費を拡大するなど、学校の裁量の拡大を図る取り組みが進み、地域との積極的な連携・協力や、学校外の活力を導入する観点からの取り組みも進められている。具体的には、先述のとおり学校評議員制度が多くの学校で導入された。近年、学校と地域社会との連携・協力をさらに一段階進め、地域の力を学校運営そのものに生かすという発想が出てくるようになった。二〇〇〇年の教育改革国民会議報告においては「新しいタイプの学校（コミュニティ・スクール等）の設置を促進する」という提言が行われ，文部科学省では，二〇〇二年度からモデル校を指定して，新しいタイプの学校運営のあり方に関する実践研究を実施している。学校運営協議会の役割としては，（ⅰ）学校における基本的な方針について決定する機能，（ⅱ）保護者や地域のニーズを反映する機能，（ⅲ）学校の活動状況をチェックする機能が考えられた。

これらを受けて，「地方教育行政の組織及び運営に関する法律の一部を改正する法律」（以下，「改正法」）が二〇〇四年六月法律第九一号をもって公布され，同年九月から施行されることとなった。この改正は，中教審答申「今後の学校の管理運営の在り方について」（二〇〇四年三月），「教育改革国民会議報告——教育を変える一七の提案」（二〇〇〇年一二月）および総合規制改革会議「規制改革の推進に関する第三次答申」（二〇〇三年一二月）等を踏まえ，公立学校の管理運営の改善を図るため，教育委員会が，その指定する学校の運営に関して協議する機関として，地域の住民，保護者等により構成される学校運営協議会を設置できるようにすることを目的としたものである。

学校運営協議会の主な役割として，「校長の作成する学校運営の基本方針を承認する」（改正法第四七条の六第四項），「学校運営に関する意見を教育委員会又は校長に述べる」（改正法第四七条の六第六項），「教職員の任用に関して教育委員会に意見が述べられる」（改正法第四七条の六第七項）が規定された。

その後，「新しい時代の義務教育を創造する」（中教審答申）（二〇〇五年一〇月）が出され，ここに教育の質の保証とともに，指導力不足などの教師の問題，学校が保護者や地域住民の意向を十分反映する、信頼される学校であること、学校運営協議会（コミュニティ・スクール）や学校評議員の積極的活用が記載されている。これは、教師にとっては、学校を保護者、地域住民に開くことやコミュニティ・スクールの活用が、教師の指導力不足や保護者の学校不信とつながってしまう可能性を含むことも懸念される。学校という組織の意志決定、合意形成のプロセスに関わる提言であるため、ある意味では、地域住民が主語ではなく、住民の主体性にポイントがあるのでもなく、学校や教師が主語であくまでも学校をよくするためのものとなっている。学校の教師からすると、学校＝教師という認識から、自分たちの学校組織に口を出される感覚となる。地域住民が自分たちのためにという切り口ならまた違う感覚だろう。このことが広がりにくさを生じてしまっているのではないだろうか。第６章においてグッドプラクティス例を提示しながら、この点についての考察を深めることとする。

その後、二〇〇四年に学校運営協議会制度（コミュニティ・スクール）が導入されて一〇年が経過した二〇一四年に文部科学省において、「コミュニティ・スクールの推進等に関する調査研究協力者会議」が立ち上げられ、地域とともにある学校づくりを推進し、子どもの豊かな学びと成長を一層支援していくため、コミュニティ・スクールの基本的方向性を実現するための推進方策や今後の学校運営協議会制度等のあり方等について検討を行ってきた。また、コミュニティ・スクールの広がりに加え、学校支援地域本部や放課後子ども教室、土曜日の教育活動等の取り組みの広がり、学校・家庭・地域の連携・協働により、子どもたちの豊かな学びを創造し、地域の絆をつなぐ取り組みが進められ始めている。

これらの経緯をもって、二〇一五年に冒頭に述べた中教審「地域とともにある学校の在り方に関する作業部会」ができ、答申のための議論が繰り広げられ、一二月答申が出された。

ここまでの経緯を見ると、第4章において学校という場の特殊性にも触れるが、当初、学校評価や教員の指導力の低下などを受けてコミュニティ・スクールが導入された様相が見え隠れし、内容だけではなく導入自体に異論や反発を生んだことが想像できる。また多様な子どもの姿に学校が対応しきれないがために導入するかのようにも見える。しかし、徐々に学校に地域人材が活発に入っていくことで、保護者や地域住民が、学校に要求するばかりでなく、学校とともに地域の教育に責任を負う認識のもと、学校運営に積極的に協力していくことがイメージされ、地域社会を動かすエンジンとして機能することが明確化された。誰のためのコミュニティ・スクールなのか、それは学校のみならず地域のためでもあることが明確に示されたことになる。

チーム学校

先述したコミュニティ・スクールの議論にもチーム学校は登場しており、地域人材との協働も期待されている。ここでは、そのチーム学校について見ていく。チーム学校は、学校のあり様を検討したものであるが、教員が子どもと向き合える時間を増やす、指導力を発揮できる教育環境の整備を行うとして、教員とは異なる専門性や経験を有する専門的スタッフを学校に配置し、教員と教員以外の者がそれぞれ専門性を連携して発揮し、学校組織全体が、一つのチームとして力を発揮することで、学校組織全体の総合力を高めていこうとするものととらえられる。簡単に言えば、これまで、学校では何でも教員が切り盛りしていたが、事務職員の活用やＳＣ、ＳＳＷｅｒなどの専門的スタッフの配置、地域との連携により、最も忙しいと言われる教員の仕事のうち事務作業や部活動、外部機関等との対応、専門的な知識が必要な指導内容等を減らすことで、教員が授業に専念できる体制づくりを目指そうというものである。

さらに、中教審では、学校だけではなく、家庭や地域社会との関係も視野に入れることが必要であることから、初等中等教育分科会と生涯学習分科会が合同で審議を行い、二〇一五年一二月、「新しい時代の教育や地方創生の実現に向けた学校と地域の連携・協働の在り方と今後の推進方策について」の答申が取りまとめられた。しかし、チーム学校の議論と地域との関連は本来は共同で議論する必要があるが、後付けでこれらに関連させた格好である。

一九九八年中教審答申「今後の地方教育行政の在り方について」以降、地方分権等の大きな方向性の下、学校の自主性・自律性の確立を基調とした施策が進められてきており、二〇〇五年には栄養教諭が、二〇〇七年には副校長、主幹教諭、指導教諭という新たな職が設置されるなど、学校の組織運営体制は整備されてきている。

先に述べたように、二〇一四年七月、教育再生実行会議「今後の学制等の在り方について」（第五次提言）の「1．子供の発達や学習者の意欲・能力等に応じた柔軟かつ効果的な教育システムの構築について、2．これからの学校教育を担う教職員やチームとしての学校の在り方について」という諮問を受けて今回の議論が始まった。

前者は、進む少子高齢化、グローバル化の進展に伴う人材の育成や多様な価値観を受容し共生していくことができる人材の育成と、小一プロブレムや中一ギャップ、自己肯定感の低さに対応できる子どもの自信や可能性、能力を引き出す教育を行うことができる制度の構築が意識されて、具体的には小中一貫教育や高等教育機関への編入学のあり方の検討が主に諮問されている。ここでは詳細は割愛する。

後者は、批判的思考を促すことや学習への動機付けをすることなど、主体的な学びを引き出すことに対して自信をもつ教員の割合が国際的に見て低いこと（国立教育政策研究所編 二〇一四）から、課題解決に向けて主体的・協働的に学ぶ授業を通じて、子どもに力を確実に身に付けさせることができる指導力、教員が学校種を超えて指導ができることが重要とされた。

つまり、第一に、「これからの教育を担う教員が必要な資質能力を身に付けることができるようにするため、教員養成・採用・研修の接続を重視して見直し、再構築するための方策」についての議論が諮問された。さらに、この教員養成・採用・研修の部分においても、従来よりも複雑化・多様化している学校の課題に対応していくためには、学校組織全体の総合力を一層高めていくことが重要であるとされた。

第二は、「教員が指導力を発揮できる環境を整備し、チームとしての学校の力を向上させるための方策」についての諮問である。「従来よりも複雑化・多様化している学校の課題に対応するため、教員の勤務・処遇等の在り方や、多様な専門性や経験を有する者の配置などの学校の組織運営の在り方等について」、財政上の措置も含め、諮問がなされた。人事評価、体系的・計画的な管理職の養成・研修システム、指導教諭や指導主事の養成や活用のあり方などとともに、福祉に関することとしては、「教員が専門職として教育活動に専念できるよう、例えば教員と事務職員の役割分担を見直し改善することや、心理や福祉などの多様な専門性や経験を有するスタッフの学校への配置等により、教員と教員以外の者がそれぞれ専門性を連携して発揮し学校組織全体の総合力を一層高めていくための方策をどのように考えるか」などと明記された。

学校内部のさまざまな議論の末、二〇一五年一二月に出された中教審答申において、ＳＣ、ＳＳＷｅｒ双方に対して「国は、将来的には学校教育法等において正規の職員として規定するとともに、義務標準法において教職員定数として算定し、国庫負担の対象とすることを検討する」と明記された。また、二〇一四年度、新たに閣議決定された「子供の貧困対策に関する大綱」では、学校を子どもの貧困対策のプラットフォームと位置づけて総合的に対策を推進することとされており、学校は福祉関連機関との連携の窓口となることが想定されていると記載している。

いずれにしても、これらの議論の出発点は教員の指導力に関連しており、コミュニティ・スクール同様に教員で対応しきれないので導入するというニュアンスが強い。この方向性は、現場では他専門職の受け入れに対する抵抗をより発生させているのではないかと推察する。

学校概念の再定義

以上、学校プラットフォーム、チーム学校の二つの視点における議論からもわかるように、学校に地域人材や専門職を入れる必要性について、教師の指導力との関連、教師の多忙さのカバーといった点から議論が繰り広げられてきた。これについては、必要性は理解されながらも現場の抵抗感が大きく存在することも事実である。地域人材や他専門職を学校に導入することは、教師の指導力不足を認めることになるととらえるものがある。あるいは、ほとんどが教師ばかりの職場であること、専門職は週一回しか勤務しないなどの非常勤であることなどから、結局は、地域人材や専門職が自己完結的に仕事をすることはできず、教師は専門職に説明をしたり、つないだり専門家の面倒をみる必要が生じるととらえるものもある。さらに、この負担の矛先が地域人材や専門職そのものに向き、受け入れに対して否定的になりがちである。しかし、これらはそもそも他職種の課題ではなく学校組織のあり様の問題であり、当事者に矛先が向くのは筋違いである。勤務日数においても子どもに接触する密度においても教師とその他の職種は対等ではない。日本では、学校は教師の職場であるという認識が強い。しかし学校＝教師の発想から変えていかなければ前に進まない。つまり、教員以外の専門職や人材が教師と対等になり自己完結的に自由に動けるような学校を作らなければ、解決に至らないであろう。

先述した答申やさまざまな動きは、この方向に向かっているとも考えられる。

諸外国と比較してさらに述べると、日本では現在、小中学校にいる教職員のなかで教員の占める割合が八二％であるが、アメリカ、イギリスでは、そもそも学校のなかに教員以外の職員が五〇％近くいる。アメリカでは、心理や福祉の専門家、言語療法士などが入っている。イギリスでは、メンター、ティーチングアシスタント（ＴＡ）、図書館補助などが多数入っている（山野 二〇一七）。文科省は、すでにチームとしての学校部会において、この数字を公表している。

学校という場を、改めて定義しなおす必要があるのではないだろうか。現状の学校に小手先の変化で何かをもたらそうとするのではなく、本気で根本から変革をしなければ、さまざまな人材を投入しても結局改善にはならないのではないか。さまざまな支援を学校に投入し、身近に支援を受けることができるようにしようというのが、子どもの貧困対策検討会に提案した学校プラットフォームの本来の意図である。学校＝教員ではなく、子どもに最も身近な学校において、さまざまな支援メニューが集約され可視化され、必要な子どもや家庭が活用できるようにつなぐ場になることが必要である。その基軸となるところが、チーム学校であるならば、そこから地域人材や専門機関などにリファーできる仕組みを作ることが答申の真の実現ではないだろうか。チーム学校が機能することで、どの子どもにどんな支援が必要なのか、どんな支援が各地域に存在するのかが明確化されることが可能になるのではないだろうか。

こういった大きな枠のなかで、学校をとらえなおし、チーム学校も考えるべきであろう。なぜなら、第1章で見てきたような子どもの実態を考えたときに、目先の事案のみの視点では、つなぐ先がないことや真のニーズが見えないこと、さらに意図的に見ようとしないと見えないことから、チーム学校もたちまち機能しなくなることは、想像するに難くない。

表2-1　社会教育・家庭教育・学校教育等の動向

西暦	月	文部科学省関係	その他	内　容
1949		社会教育法策定		国及び地方公共団体の任務が明らかにされる（「生涯学習の振興に寄与すること」「〔社会教育と〕学校教育との連携の確保に努め，及び家庭教育の向上に資することとなるよう必要な配慮をするとともに，学校，家庭及び地域住民その他の関係者相互間の連携及び協力の促進に資することとなるよう努めること」）
1964		（家庭教育）家庭教育学級への補助の開始		市町村教育委員会の行う家庭教育学級に対して補助の開始
1971	4	（社会教育）社会教育審議会答申「急激な社会構造の変化に対処する社会教育のあり方について」		「住民の意向を行政や施策の運営に反映させるためのパイプの役割」として社会教育委員が期待される
1975		（家庭教育）「乳幼児学級」の開設を奨励		乳幼児期の子どもを持つ親を対象とした「乳幼児学級」開設の奨励
1981	6	（社会教育）中央教育審議会答申「生涯教育について」		①すべての発達段階に即して，人々の各時期における望ましい自己形成を可能にする方途を考察，②家庭のもつ教育機能をはじめ，学校教育，社会教育，企業内教育，さらには民間の行う各種の教育・文化事業等にわたって，社会に幅広く存在する諸教育機能を生涯教育の推進の観点から総合的に考察したもの
1984〜		（家庭教育）家庭教育資料とし		家庭教育上の諸問題を多角的に検討し，子どもの発達段階の特徴や親が配慮し

1989		て「現代の家庭教育」を作成・配布		なければならないことなどをまとめたもの。「乳幼児期編」,「小学校低・中学年期編」「小学校高学年・中学校期編」を刊行
1986		（家庭教育）「働く親のための学級」の開設を奨励		働く母親の増加にかんがみ共働き家庭を対象とした「働く親のための学級」を開設するよう奨励
1987	8		臨時教育審議会　最終答申	改革を進める視点として，①個性重視の原則，②生涯学習体系への移行，③変化への対応（国際化並びに情報化への対応）であることを指摘
1990	7	生涯学習の振興のための施策の推進体制等の整備に関する法律		臨教審最終答申を受けて，付則第2項で，社会教育法第13条，第51条第3項の規定が改められ，戦後の社会教育行政に大きな役割を担った社会教育審議会は，新しい生涯学習審議会に吸収される
1992	5	（社会教育）社会教育分科審議会報告「社会教育委員制度について――社会教育委員及び同委員の会議の活性化について」		社会教育委員は，長期的な課題にも取り組むこと，研究調査機能の充実，広報・広聴活動の活発化，定例会だけでなく臨時会や課題別小委員会の開催，他諮問機関等との連絡・調整，広い分野からの人材の確保，研修の実施や研修内容の充実など
1992	6	（社会教育）文部省生涯学習局長通知「社会教育委員及び同委員の会議の活性化について」		
1996	7	（学校教育）中央教育審議会答申「21世紀を展望した我が国		「ゆとり教育」：生きる力，総合的な学習の時間の導入，学校週5日制の導入

		の教育の在り方について（第一次答申）」		
1998	4	（学校教育）中央教育審議会答申「今後の地方教育行政の在り方について」（中間報告）		①教育行政における国，都道府県及び市町村の役割分担の在り方，②教育委員会制度の在り方，③学校の自主性・自律性の確立，④地域コミュニティの育成と地域振興に教育委員会の果たすべき役割，⑤学校以外の教育機関の運営の在り方
1998	9	（社会教育）生涯学習審議会答申「社会の変化に対応した今後の社会教育行政の在り方について」		「多様な人材を社会教育委員に登用できる社会教育法規定の見直し」，「会議の活性化や各種審議，提言活動，調査研究機能の強化」
1998	9	（学校教育）中央教育審議会答申「今後の地方教育行政の在り方について」		地方分権等の大きな方向性の下，学校の自主性・自律性の確立を基調とした施策が進められる
2000	1	学校教育法施行規則の一部改正		地域住民の学校運営への参画の仕組みを制度的に位置付けるものとして学校評議員制度が導入され，４月から実施された
2000	11	（社会教育）生涯学習審議会社会教育分科審議会報告「家庭の教育力の充実等のための社会教育行政体制整備について」		地域の子育てサークルの指導者やボランティア従事者を社会教育委員に委嘱できるようにして社会教育委員活動の充実を図る
2000	12		教育改革国民会議報告	新しい時代に新しい学校づくりをというスローガンをもとに，「地域の信頼

			――教育を変える17の提案」	に応える学校づくりを進める」「学校や教育委員会に組織マネジメントの発想を取り入れる」「新しいタイプの学校（“コミュニティ・スクール”等）の設置を促進する」などを提案
2001	7	社会教育法の一部改正		1998年9月，生涯学習審議会答申の「社会の変化に対応した今後の社会教育行政の在り方について」の提言等が基礎になっている
2001	7	学校教育法の一部改正		学校は児童，生徒の体験的な学習活動の充実に努めるものとし，この場合社会教育関係団体その他の関係団体及び関係機関との連携に十分配慮しなければならない
2001	9	（家庭教育）生涯学習政策局長決定「今後の家庭教育支援の充実についての懇談会」		近年の都市化，核家族化，少子化，地域における地縁的なつながりの稀薄化等により，育児に関する悩みなどが広がっていることが指摘され，今後の家庭教育支援の在り方の検討と関連施策の充実へ
2002	3	（家庭教育）「今後の家庭教育支援の充実についての懇談会」中間報告		基本的考え方として「家庭教育は親の責任と喜び」として「社会の宝」として子どもを育てることを提示。若い世代の特徴として，育児能力につながる体験の減少や中高年世代との意識ギャップ，意識・課題の多様化を指摘
2003	5	（学校教育）中央教育審議会への諮問「今後の初等中等教育改革の推進方策について」		①地域との連携の推進，学校の裁量権の拡大という観点から，地域が運営に参画する新しいタイプの公立学校運営の在り方について，②民間の活力の活用という観点から，公立学校の管理運営の包括的な委託についての2点を中心に，基本的な考え方を諮問した
2003	12		総合規制改革会議「規制改革の推	コミュニティ・スクールの法制化（2004〔平成16〕年度中に措置）

			進に関する第三次答申」	
2004	3	（学校教育）中央教育審議会答申「今後の学校の管理運営の在り方について」		学校の管理運営の在り方についてのさまざまな見直しが提言された（例えば多様な主体による学校教育の提供を認めることや，外部の人材や資源を学校教育に積極的に活用すること，公立学校の運営に保護者や地域住民を参画させる仕組みを構築すること，包括的な運営を外部に委託することなど）
2004	6	地方教育行政の組織及び運営に関する法律の一部を改正する法律		公立学校の管理運営の改善を図るため，教育委員会が，その指定する学校の運営に関して協議する機関として，地域の住民，保護者等により構成される学校運営協議会を設置できるようにすることを目的としたもの（同年９月施行）
2004		（学校教育）「学校の組織運営の在り方について」（作業部会の審議のまとめ）		地域の住民，保護者等により構成される学校運営協議会を設置できるようにすることを目的としたもの
2005	4	（学校教育）学校教育法等の一部改正		栄養教諭設置
2005	10	（学校教育）中央教育審議会答申「新しい時代の義務教育を創造する」		教育の質の保証とともに，指導力不足などの教師の問題，学校が保護者や地域住民の意向を十分反映する，信頼される学校であること，学校運営協議会（コミュニティ・スクール）や学校評議員の積極的活用が記載
2006	12	教育基本法改正		家庭教育の支援施策について，国と地方公共団体の責務として明記される。

				「生涯学習の理念」（第３条），「家庭教育」（第10条），「社会教育」（第12条），「学校，家庭，地域住民等の相互の連携協力」（第13条）等の規定の充実
2007		（学校教育）副校長，主幹教諭，指導教諭の設置		学校の組織運営体制の整備がなされる
2008	2	（家庭教育）中央教育審議会答申「新しい時代を切り拓く生涯学習の振興方策について」		「地域における家庭教育支援基盤形成事業」，「訪問型家庭教育相談体制充実事業」へとつながる
				「国民一人一人の生涯を通じた学習への支援」「社会全体の教育力の向上」。2008年２月には答申として提出される
2008		（家庭教育）「地域における家庭教育支援基盤形成事業」		子育てサポーター・リーダーや民生委員・児童委員，主任児童委員，教職員OBなど地域のメンバーを中心とした「家庭教育支援チーム」を組織し，地域のつながりづくりを中心にした支援基盤の形成が全国各地で取り組まれる
2009		（家庭教育）「訪問型家庭教育相談体制充実事業」		「家庭教育支援チーム」が学校や福祉関係機関等と連携し，家庭や企業などを訪問して，相談対応や学習機会・情報提供など積極的に行うための支援手法の開発に取り組む
2010		（家庭教育）「学校・家庭・地域の連携による教育支援活動促進事業」		地域住民等の参画による「学校支援地域本部」「放課後子ども教室」「地域ぐるみの学校安全体制の整備」「スクールヘルスリーダー派遣」などと並んで，「家庭教育支援」も教育支援活動を引き続き支援。また，「家庭教育支援チーム」の登録制度が開始される
2011	5	（家庭教育）「家庭教育支援の推進に関する検討		これまでの家庭教育支援施策の検証と今後の家庭教育支援のあり方について検討を行い，報告書「つながりが創る

		委員会」の設置		豊かな家庭教育」が提出された
2013	6		子どもの貧困対策の推進に関する法律	第183回国会において成立（2014年1月施行）
2013	9	（家庭教育）「家庭教育支援チームの在り方に関する検討委員会」の設置		家庭教育支援チームの特性，役割は，すべての家庭において等しく主体的な家庭教育ができる環境整備を図ること。（①保護者への寄り添い支援，②家庭と地域とのつながり支援，③家庭と学校など関係機関とのつながり支援）
2013	12		生活保護法の一部を改正する法律	生活保護費の不正受給や受給者増加などに対応することを目的（2014年7月施行，一部は2014年1月）
2013	12		生活困窮者自立支援法	生活保護法の見直しとともに，子どもの貧困対策を検討（2015年4月施行）
2014	7		教育再生実行会議「今後の学制等の在り方について」（第五次提言）	①子どもの発達や学習者の意欲・能力等に応じた柔軟かつ効果的な教育システムの構築について，②これからの学校教育を担う教職員やチームとしての学校の在り方について
2014		（学校教育）「コミュニティ・スクールの推進等に関する調査研究協力者会議」の立ち上げ		文部科学省では，地域とともにある学校づくりを推進し，子どもの豊かな学びと成長を一層支援していくため，協力者会議を開催し，コミュニティ・スクールの基本的方向性を実現するための推進方策や今後の学校運営協議会制度等の在り方等について検討
2014		（学校教育）「チームとしての学校・教職員の在り方に関する作業部会」の設置		（教育再生）教育再生実行会議「今後の学制等の在り方について」（第五次提言）を受けて，チームとしての学校の在り方と今後の改善方策を議論

2014	8		「子供の貧困対策に関する大綱」閣議決定	子どもの貧困対策を総合的に推進するための方針を明記（貧困の世代間連鎖の解消と積極的な人材育成，子どもに視点を置いた切れ目のない施策の実施，子どもの貧困の実態を踏まえた対策の推進，子どもの貧困に関する指標を設定しその改善に向けて取り組むなどの4点）
2015	3	（学校教育）「生活困窮者自立支援制度に関する学校や教育委員会等と福祉関係機関との連携について（通知）」		「子どもの貧困対策の推進に関する法律」「子供の貧困対策に関する大綱」の方向性に触れながら，新制度を所管する福祉部局等との連携を積極的に進めるよう通知
2015	3		「生活困窮者自立支援制度と教育施策との連携について（厚生労働省通知）」	「生活困窮者自立支援制度に関する学校や教育委員会等と福祉関係機関との連携について（通知）」と同時期に各首長に出される
2015	3		教育再生実行会議「『学び続ける』社会，全員参加型社会，地方創生を実現する教育の在り方について」（第六次提言）	100年先を見据えた新たな教育の在り方について（「学び続ける」社会，全員参加型社会，地方創生を実現する教育の在り方）
2015		（学校教育）「地域とともにある学校の在り方に関する作業部		「チームとしての学校・教職員の在り方に関する作業部会」も含む3つの部会によって，さまざまな角度から学校のあり様，学校を支える地域のあり

		会」 （社会教育）「学校地域協働部会」の設置		様を議論
2015	12	（学校教育）中央教育審議会答申「これからの学校教育を担う教員の資質能力の向上について～学び合い，高め合う教員育成コミュニティの構築に向けて～」		（具体的方策）①養成・採用・研修を通じた方策：「教員は学校で育つ」との考えの下，教員の学びを支援，②学び続ける教員を支えるキャリアシステムの構築のための体制整備
2015	12	（学校教育）中央教育審議会答申「チームとしての学校の在り方と今後の改善方策について」		（具体的改善策）①専門性に基づくチーム体制の構築，②学校のマネジメント機能の強化，③教員一人一人が力を発揮できる環境の整備，SC, SSWer双方に対して「国は，将来的には学校教育法等において正規の職員として規定するとともに，義務標準法において教職員定数として算定し，国庫負担の対象とすることを検討する」と明記
2015	12	（学校教育）（社会教育）（家庭教育）中央教育審議会答申「新しい時代の教育や地方創生の実現に向けた学校と地域の連携・協働の在り方と今後の推進方策について」		（目指すべき連携・協働の姿）①地域とともにある学校への転換，②子どもも大人も学び合い育ち合う教育体制の構築，③学校を核とした地域づくりの推進
2015		（家庭教育）「家庭教育支援手法		可能な限り実施しやすいように広げ，専門家ではなく地域の身近な人材が訪

		等に関する検討委員会」を開催		問することによって，不安の解消や問題の深刻化を防ぐ
2016		（家庭教育）「訪問型家庭教育支援の関係者のための手引き」の作成		2013年「家庭教育支援チームの在り方に関する検討委員会」の審議の整理が進められ，手引きが作成される
2017	2	（学校教育）教育相談等に関する調査研究協力者会議報告「児童生徒の教育相談の充実について～学校の教育力を高める組織的な教育相談体制づくり～」		2015年12月から始まった児童生徒の相談体制の充実調査協力者会議においてスクールカウンセラー（SC）やスクールソーシャルワーカー（SSWer）のガイドラインが作られ，本報告としてまとめられた
2017	4	学校教育法施行規則の一部改正		SC及びSSWerの職務を新たに学校職員として規定される

（出所） 野崎友花作成の表をもとに筆者一部加筆修正

引用文献

阿部彩（二〇一四）『子どもの貧困Ⅱ――解決策を考える』岩波新書

福尾武彦（一九七六）『民主的社会教育の理論（下巻）』民衆社

原田正樹（二〇一三）「福祉教育実践の新潮流――共生文化の創造をめざして」『月刊福祉』九六（五）、一二-一七

木村涼子（二〇一七）『家庭教育は誰のもの？――家庭教育支援法はなぜ問題か』岩波書店

国立教育政策研究所編（二〇一四）『教員環境の国際比較――OECD国際教員指導環境調査（TALIS）二〇一三年調査結果報告書』明石書店

宮原誠一（一九五〇）『社会教育――教育の社会計画をどうたてるか』光文堂

文部科学省（二〇一〇）「学校・家庭・地域の連携協力推進事業」（http://www.mext.go.jp/a_menu/01_l/08052911/004/__icsFiles/afieldfile/2011/01/18/1234373_01_1.pdf 二〇一八年四月二四日取得）

文部科学省（二〇一六a）「平成二七年度　家庭教育の総合的推進に関する調査研究報告書」（http://katei.mext.go.jp/contents2/pdf/H27_houmongatashien_houkokusho.pdf 二〇一八年四月二四日取得）

文部科学省（二〇一六b）「『次世代の学校・地域』創生プラン（馳プラン）～中教審3答申の実現に向けて～」（http://www.mext.go.jp/b_menu/houdou/28/01/__icsFiles/afieldfile/2016/01/26/1366426_3.pdf 二〇一六年九月四日取得）

文部省（一九八八）「我が国の文教施策（昭和六三年度）」（http://www.mext.go.jp/b_menu/hakusho/html/hpad198801/index.html 二〇一八年四月二四日取得）

内閣府（一九九三）「青少年と家庭に関する世論調査（平成五年）」（https://survey.gov-online.go.jp/h05/H05-05-

05-02.html 二〇一八年四月二四日取得）
乗杉嘉寿（一九二三）『社会教育の研究』同文館
小川利夫・大橋謙策編（一九八七）『社会教育の福祉教育実践』光生館
大橋謙策（一九八八）「福祉教育の実践的視点と今後の検討課題」『月刊福祉』七一（三）、四二−四九
柴田謙治・原田正樹・名賀亨編（二〇一〇）『ボランティア論――「広がり」から「深まり」へ』みらい
山名次郎（一八九二）『社会教育論』金港堂
山野則子（二〇一七）「第5章　見えない子どもの貧困をどのように支えるか?」五石敬路・岩間伸之・西岡正次・有田朗編『生活困窮者支援で社会を変える』法律文化社、九一−一〇六

第3章

乳幼児期までの全数把握の仕組み

第1章において示してきたように、子どもや家庭を取り巻く環境は、近年の社会情勢のなかで、ますます厳しい状況になっている。そして、第2章において、すべての子どもが通う学校を舞台にした文部科学省を中心にした国の制度や政策の動きを示してきた。第1章の子どもをめぐる現状と第2章における制度改革の展開から、その改革は子どもの変化、社会の変化に見合うものだったのであろうか、あるいはその改革案を実現するためには何かが必要なのではないだろうか、それには、そもそも学校概念のとらえなおしが必要なのではないだろうかと提案した。

では、どのように考え、とらえなおしたらいいのか、本章で議論を展開する。学校をフィールドにしたときに理念的あるいは構造的に不足しているものは何であろうか。子ども主体の視点、全数把握の視点、継続性の視点、協働の視点を挙げて論ずる。

1　乳幼児期にあって就学後に不足する視点

子ども主体の視点

第2章において、国が打ち出した政策を丁寧に追ってきたが、文部科学省のなかでも、学校教育と社会教育や家庭教育での動きの周知や一貫性には課題があり、さらに省庁をまたいでしまうと厚生労働省や内閣府の施策との整合性などに課題が生じる。つまり同じような施策が違う省庁から出されているが、せっかくの施策が現場で機能的につながっていない、矛盾メッセージになってもいるなどの現状がある。

　後者の例として、子どもの貧困対策において、子ども食堂、学習支援などのかたちで、居場所としての場の提供がなされている。多くはNPOのある地域での立ち上げとなるために、それを必要とする子どもを意識した立ち上げになっていない。小学校の子どもたちは一人で校区外に出てはいけないことになっているために[1]、結局は必要な子どもがそれらの居場所に通うことができない可能性もある。また事業評価が、参加者からのアンケートのみになりがちで、どのくらい必要な子どもに届けられたのかという視点が欠如している。さらに子どもの貧困対策では、スティグマへの懸念と教育の壁から、施策の対象は「すべての子ども」とあいまいなままになっている。もちろん大正期から昭和一〇年くらいまでの保護事業下の貧児学校や子守り学校のように、一般児童生徒から区別する施策（岡村 一九六三）の再現であってはならない。しかし、だからといって必要な子どもに届ける努力をやめるのではなく、偏見にならない工夫を検討する方向に向かうべきではないか。「すべての子ども」という方向性は、検討の主語が行政であって、子どもでないともいえる。主語を子どもにして考えると、何とかスティグマにならない方策を工夫して検討すべきであろう。それぞれの部署の立場や都合が優先された施策になり、子どもを主体としてみた視点になっていないのではないか。

　第2章で紹介してきた、国のさまざまな審議会の議論においても、それぞれの場面で主語は子どもではなく、学校であったり地域であったりしがちである。施策を策定する際には、当然やむをえないことも想定できるが、子どもが主体となった視点を議論から落とさないように取り組むべきである。「子どもを主語にする」ことに関して理念としてバックアップするのが、子どもの権利条約、さらに二〇一六年の児童福祉法一部改正である。これらを提示しながら、学校プラットフォームやチーム学校の仕組みについても、子どもにとってどうなのかという視点で検討する必要があるのではないだろうか。そのうえで、例えば岡村重夫の援助理論（岡村 一九八三）にのっとって、客体的側面である学校の制度上の課題を、個人の生活に体現した制度上の欠陥として、分かち合い、一つずつ解決へと向かう議論が必要であるととらえる。

ここで子どもの権利条約（公訳は「児童の権利に関する条約」）の理念を導入した「児童福祉法一部改正」の法的な動きを確認してみよう。

本来、生まれ育った環境によって左右されることなく、すべての子どもは適切な養育を受けて発達が保障される権利を有するとともに、その自立が保障されるべきであるという視点から、社会保障審議会児童部会「児童虐待防止対策のあり方に関する専門委員会報告書」（二〇一五年八月）に子どもの福祉を進めるにあたり基礎とすべき理念としてまとめられた。さらに、子ども家庭福祉の体系の再構築が急務であるとの強い問題意識のもと、当該理念を実現するための方策を検討する議論が行われ、社会保障審議会児童部会「新たな子ども家庭福祉のあり方に関する専門委員会報告（提言）」（二〇一六年三月）によって、児童福祉法等の抜本的な改正に向けて提言された。その結果、二〇一六年五月児童福祉法の一部改正が成立し、二〇一六年一〇月一部施行、二〇一七年四月一部施行と決定した。

改正のポイントは、①児童福祉の理念の明確化、②児童虐待発生予防、③児童虐待発生時の迅速・的確な対応、④被虐待児童への自立支援である。ここでは、冒頭に課題提起した早期発見、教育と福祉の連携協働の二点に焦点化して見ていく。

①の理念については、児童福祉法成立後七〇年間、触れられることがなかった基本条文の第一条（児童福祉の理念）、第二条（児童育成の責任）、第三条（原理の尊重）を改正したことは画期的である。つまり子どもの権利条約にのっとることを明記し、児童を中心に位置づけて、適切な養育を受け健やかな成長・発達や自立等を保障される権利を有すること、「児童の年齢及び発達の程度に応じて、その意見が尊重され、その最善の利益が優先して考慮され」ること等を明確化した。その上で、国民、保護者、国・地方公共団体（都道府県・市町村）が支えるという形で、その福祉が保障される旨を明確化した意味は大きい。さらに言うと、国は市町村・都道府県の業務が適正かつ円滑に行われるよう、児童が適切に養育される体制の確保に関する施策、市町村・都道府県に対する助言、情報提供等の必要な各般の措置を講じることとした。そして今まで同様、第三条において、第一条・第二条の原理は、「すべて児童に関する法令の施行にあたって、常に尊重されなければならない」上位規定であることの記述がある。また連動して「児童虐待の防止等に関する法律」第一四条において、親権者は、児童

のしつけに際して、監護・教育に必要な範囲を超えて児童を懲戒してはならない旨を明記した。

学校との関連でみると、①を基本に、②や③において、学校に情報提供を求めることが明記されている。②の虐待発生予防では、市町村が妊娠期から子育て期までの切れ目ない支援を提供する「子育て世代包括支援センター」（法律上は「母子健康包括支援センター」）を設置し、妊娠や子育ての不安、孤立等に対応し、児童虐待のリスクを早期に発見・逓減することとされた。支援を要すると思われる妊婦や児童・保護者を把握した医療機関、児童福祉施設、学校等は、その旨を市町村に情報提供するよう努めるものと明記されている。③の迅速な対応においては児童相談所の体制強化が明記され、児童相談所・市町村から被虐待児童等に関する資料等の提供を求められた場合、地方公共団体の機関に加え、医療機関、児童福祉施設、学校等が当該資料を提供できる旨が規定された。

これらが「すくすくサポートプロジェクト」（二〇一五年一二月、子どもの貧困対策会議決定）にも記載され、スクールソーシャルワーカー（以下、ＳＳＷｅｒ）に関する記述も明記されている。
④の自立支援においても、実践現場では中学校を卒業した若者への支援方策のなさが話題になっていたが、一時保護中の一八歳以上の者等について、二〇歳に達するまでの間、新たに施設入所等の措置を行えるようにするとともに、その保護者に対する面会・通信制限等を行えるようにもなった。これからの学校との連携が期待される。
これらの法改正の動き、子どもの権利条約の理念を把握したうえで、繰り返しになるが、「学校の

制度上の課題を、個人の生活に体現した制度上の欠陥として、分かち合い、一つずつ解決へと向かう」社会福祉の援助の原理（岡村 一九八三）にのっとった議論が必要であるという立場で検討を行う。では、子どもの最善の利益の視点、主体性の視点からみて、学校組織にとって、具体的な制度的課題は何であろうか。

全数把握からのスクリーニングの視点

世界的に見て、日本の水準がトップレベルと言われる母子保健の一つである乳幼児の健康診査システムから考えていく。厚生労働省の二〇一五年度調査によると、市区町村が実施した健診の受診率は、「三～五か月児」九五・六％、「一歳六か月児」九五・七％、「三歳児」九四・三％と、高い値である。その後、未受診の事例には保健師がとことん訪問を繰り返し情報をつかむことになる。要経過観察となった場合には何らかのフォローが展開されていくが、都筑・村嶋（二〇〇九）の一歳半健診に関する調査によると、要経過観察となるのが、各市町村に統一した判断基準になっていない課題はあるものの、平均二二・三％となっている。健診後のカンファレンスも九二・一％実施されており、保健師、心理職、栄養士、歯科衛生士等という多様なスタッフで検討される。さらに自治体によっては家庭児童相談室や児童相談所を含めて、経過観察後の検討会を実施している。内容も疾患や障害の発見だけでなく、「健やか親子21」が厚生労働省から出されて以降、親子関係や心の状態の観察などに広がっている。都筑（二〇〇九）は、ハイリスクかどうかにかかわらず全体としてリスクを下げていくためにアプローチを行うポピュレーション・アプローチ[2]を利用しながら、いかに個別支援を展開していくか、二層への視点の重要性を述べている。

このように全数を把握している乳幼児健診から、気になる事例がスクリーニング機能によって選別され、ここでいう個別支援、例えば精密検査、育児サロン、幼児教室、個別訪問指導、発達障害者支援センターや子育て支援センター、保育所などの紹介などにつながっていく。この全数把握を行ったのちスクリーニングをかけていく仕組みが、日本では就学後には存在しない。

継続の視点・協働の視点

前項で述べてきたように、乳幼児健診では気になる事例が選別され、その後検討会議で議論される（山崎 二〇一四）が、就学後は、このような多職種で検討される場はなくなる（山野・山縣 一九九九）。ここで強調したいのは、把握率や支援メニューの豊富さではなく、協働で検討する仕組みをもっていることである。学齢期になると、乳幼児期の会議で議論された事例や重要な点が引き継がれる場がない。今までの視点や支援が継続されない。それだけでなく、就学後にさまざまな角度から見て、新たに大きな懸念や問題が発生した事例でさえ、公式に複数機関で検討する協働の場がないということは、さまざまな機関との連携を阻み、学校が抱え込むことになりがちな大きな課題である。

学校で唯一、全国的に存在する多職種で検討する公的な場としては、警察署が管轄する学校警察連絡協議会（協助員補導連絡会などという地域もある）[3]であるが、これは予防的視点で行われるものではなく、非行の事例の補導という視点の場である。

先述したように、保健所や病院など医療ベースの機関では多職種でのチームカンファレンスは当たり前に実施されている。チーム医療と言われ、生死にかかわる課題であることもあり、そこにはほかの価値が挟まれることはなく、クライエントを主語にした対応が繰り広げられる。

社会福祉の価値と理念に照らしても、児童福祉法の改正が物語るように本来は子どもの最善の利益が優先され、子どもを主語において考えてしかるべきである。協働というのは、そのための協働であり、本来教師の仕事を軽くするための協働ではない。この点においても議論がすりかわることもある。専門職の価値の違いからもずれが生じる。さらにいうと、社会福祉援助の原理として、主体性の原理を提唱した岡村は、第五回国連国際社会福祉教育調査報告書から、社会福祉サービスの機能の一つに、生活上の困難の発生を未然防止するような予防的機能をとりあげている（岡村 一九六二）。第1章で論じたように、子どものさまざまな問題がここまで明らかになり、悪循環も明確ななか、予防に対応しないままでは、現状にいつまでも一石を投じることができない。この点については、一部の子どもしか関わらない児童相談所や福祉事務所において、予防機能をもつのは困難であるが、すべての子どもが通う学校という場においては、発見機能や予防機能をもつ可能性がある（山野 二〇一〇）。

2　海外のシステム例

では、これらの三点（子ども主体の視点、全数把握の視点、継続・協働の視点）について、参考になる事例を見てみることとする。以下のⅠについては乳幼児が中心であるが、日本でも取り入れと広がりが生じつつある。Ⅱについては、学齢児の例であり、残念ながら、以前より紹介はされているものの日本での展開は見られない。

Ⅰ　家族主体の継続・協働の視点――フィンランドの切れ目のない支援

第1節で述べた「子ども主体の視点」については、子どもだけでなく家族主体の視点があり、「協働の視点」に関しては、切れ目がないという意味において、フィンランドのネウボラの例が考えられる。

二〇一六年の母子保健法、児童福祉法一部改正によって、保健部門を中心にした「子育て世代包括支援センター」は、予防機能として寄り添い型で切れ目のない支援の方向性を明確に示している。それは、厚生労働省の「健やか親子21」（第二次計画）において掲げられた「すべての子どもが健やかに育つ社会」の基盤課題の一つ「切れ目ない妊産婦・乳幼児への保健対策」に基づくものである。この切れ目ない支援については、フィンランドのネウボラと呼ばれる仕組みがそのモデルとなったといわれている。フィンランドでは、妊娠期から子育て期に至るまで担当保健師による切れ目ない手厚い支援がなされている。

フィンランド大使館によると、ネウボラ（neuvola）とはアドバイス（neuvo）の場という意味で、妊娠期から就学前までの子どもの健やかな成長・発達の支援はもちろん、母親、父親、きょうだい、家族全体の心身の健康サポートも目的としており、フィンランドでは妊娠の予兆がある時点でまずネウボラへ健診に行く。ネウボラはどの自治体にもあり、健診は無料、妊娠期間中、出産後も子どもが小学校に入学するまで定期的に通い、保健師や助産師といったプロからアドバイスをもらう。健診では母子の医療的なチェックだけでなく、個別に出産や育児、家庭に関するさまざまなことを相談でき、一回の面談は三〇分から一時間かけて、丁寧に行われる。また、担当制になっているため、基本的には妊娠期から子どもが小学校にあがるまで、同じ担当者が継続的にサポートをするので、お互いに信頼関係が築きやすく、問題の早期発見、予防、早期支援につながっている。医療機関の窓口の役割もあり、出産入院のための病院指定、医療機関や専門家の紹介も行う。

高橋（二〇一五）は、ネウボラについて、かかりつけの専門職（主に保健師）が、担当の母子および家族全体に寄り添い支える制度の名称であると同時に子育て家族にとっては身近なサポートを得られる拠点でもあると説明し、必要に応じて他職種や地域の民間グループなどとも連携する専門的な技能・力量をもつ人が担当すると強調している。

利用者のデータは五〇年間保存されるため、過去の履歴から親支援に役立てたり、医療機関との連携に活用したり、効率的に子どもとその家族を支援する。最近では親の精神的支援、父親の育児推進がネウボラの重要な役割となっており、児童虐待や夫婦間ＤＶの予防的支援の役割も担っている。現在、ネウボラ日本版の導入が、三重県名張市や千葉県浦安市など、全国の市町村で始まっている。また、厚労省もフィンランドをモデルにした妊娠、出産、子育ての包括的支援拠点づくりを各自治体に奨励している。

日本では、母子保健法の改正により、二〇一七年から子育て世代包括支援センターを市町村に設置することが努力義務とされた。同センターは、妊娠・出産包括支援事業と子ども・子育て支援新制度の利用者支援などを包括的に運営する機能を担うものであり、妊娠・出産・子育てに関するマネジメントを行うことが期待されている（横山 二〇一八）。つまり協働という意味では、日本でも取り入れようとしているネウボラの場合、異なる機関同士の協働ではなく機能の協働が目指されており、地域に拠点を作って、同じ機関、同じ人が保健で担っていたサービスや福祉で担っていたサービスなどの機能を一元化して支援を続けることによって、切れ目のない支援を意図している。

また、イギリスでは、仕組みとして存在するわけではないが、エビデンスを共有することで協働を作っている。地域ベースにおいて、保健部門や保育部門、学校が同じ土俵で検討会を開催しているわけではないが、貧困撲滅という共通目標に向かって、共通指標に基づいて、それぞれの機関がアプローチを行い、その結果の変化をまた共通して見ることができるというスタイルである。

いずれにしても、機能の協働、エビデンスの共有という新しい視点ととらえることができ、第6章で後述するが、大変興味深いものとなっている。

Ⅱ　全数把握からのスクリーニングの視点――アメリカのＲＴＩ

第1節で述べた「全数把握からのスクリーニングの視点」は、アメリカにおいては学校現場で制度化され重視されてきた介入方法に見られる。アメリカは就学後のスクリーニングから支援に結ぶ仕組みを持ち、その機能をチームで担い個別計画を立てているのがＳＳＷｅｒであり、このことによってＳＳＷｅｒの拡充と地位向上に成功している。

アメリカでは、連邦政府が定めた政策として、介入への対応（Response to Intervention：RTI）があり、すべての子どもたちに根拠（エビデンス）に基づいた実践（Evidence-based Practice：EBP）を使って介入をするガイドラインを全州に義務付けている。これは、二〇〇四年障害者教育法（Individuals with Disabilities Education Act：IDEA）に導入されたときからである。イリノイ大学との国際交流のなかで得られた情報をもとに、以下に具体例を入れて記述する（山野・徳永 二〇〇八、山野 二〇一一、二〇一三、二〇一四、二〇一五）。

ＲＴＩは、すべての子どもが学業や行動の面でスクリーニングされなければならないと問題提起しているが、それにあたっては任意の決定ではなくデータベースの情報から必要性を見出していく。学業や社会性・感情などにそれぞれ複数のレベルで介入し、その成果をモニタリングしなければならない。三か月後に成果を確認するのではなく、定期的にモニタリングをしてそのフィードバックを提供しなければ意味がないとしている。ＳＳＷｅｒとしては、このスクリーニング作業や個人の計画を作る仕事を担うことで全校配置に成功してきた経緯がある。

子どもの学業面での成功の援助をする教育者としての判断を下す際には、教育者は子どもの能力に応じて時間をかけて学習速度評価を使用する。指導や意思決定の情報提供をするために、スクリーニング検査、診断と連続的な進捗のモニタリングを行う。学習障害をもつ子どもなどの場合には、その問題解決のために特別教育ではなく早期解決、予防を目指すものである。

実際のプロセスとしては、第一段階：一般介入、第二段階：早期介入、第三段階：重度の問題への介入としてスクリーニングの結果対応を決定していく（図三－一）。第一段階はティア１と言われ、学習システム、行動システムへの介入の効果を知るために、生徒の出す成果であるとか経過というものを集約し、プログラムを実施しながらも分析し、さらにまたそれを実施していく。例えば、学業成績、学業システムの結果のデータは、全校生徒に実施される定期テストのようなものの結果から収集されることになる。行動システムの変化についてのデータというのは、例えば、評定、出席、遅刻回数、

図3-1　子どもの行動と介入レベル

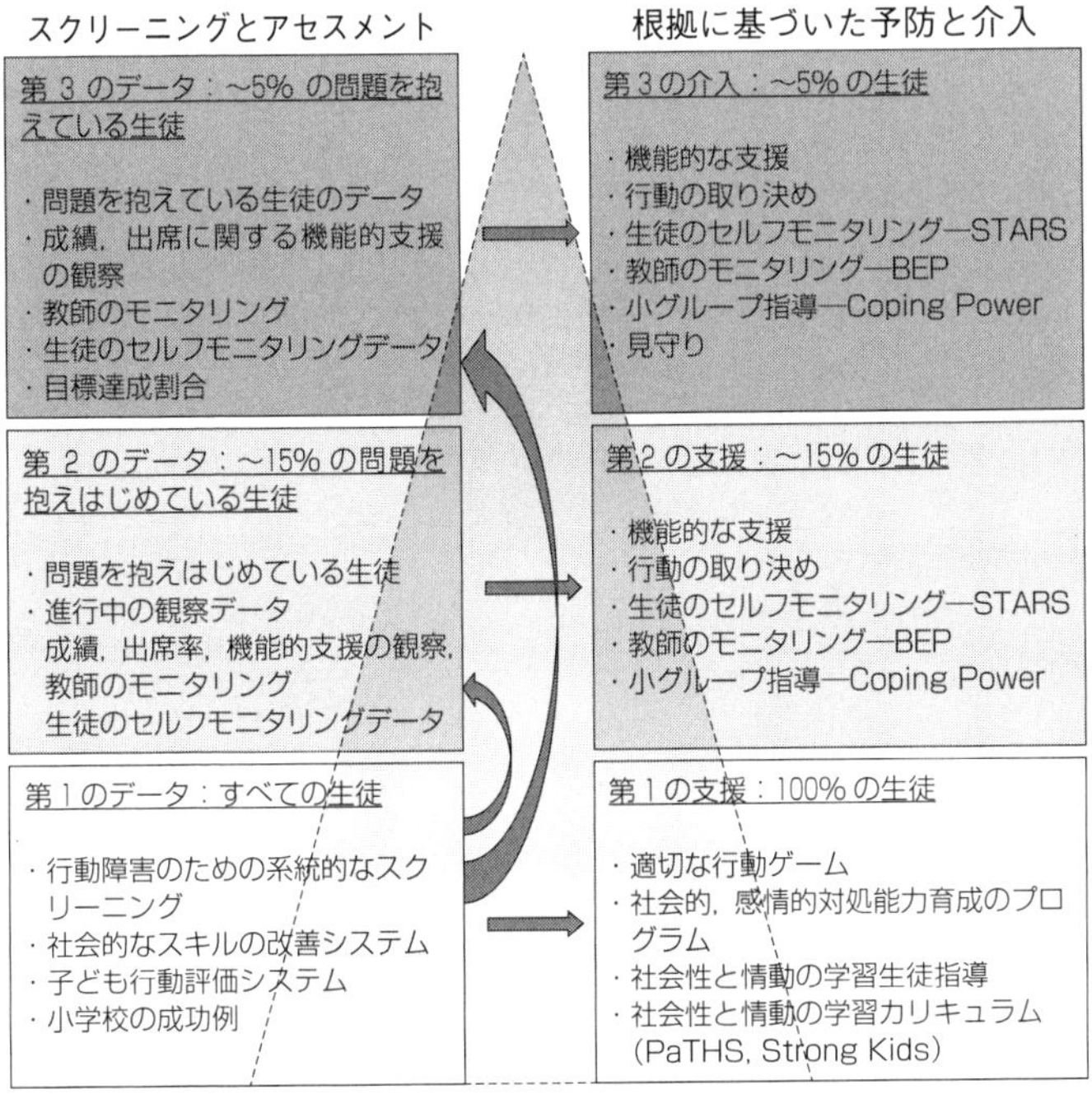

（注）　上に行くほど高い層を表す
（出所）　M. S. Kelly 氏提供資料を訳したもの

問題行動を起こした回数などから収集される。そして、これらのデータは、読みやすいチャートにして、他の人たちには結果がすぐ伝わるような形にされている。

このRTIを導入した際の反抗的な問題行動の減少を、前進した点、成功した点としてチャートを示していくが、RTIを実施したことによってもたらされた、よい効果と言える。八〇％から九〇％の生徒が、このRTIの第一段階で、よい反応を出すというように見積もられている。介入には、後述するが、ソーシャルスキルトレイニング（ＳＳＴ）として、ＳＳＷｅｒがクラスで実際に行うプログラムも存在する。

第一段階で第二段階の介入が必要と判断された生徒は、次の第二段階の早期介入へと進むことになる。第二段階というのは、特に学業もしくは行動に課題のある、反抗や問題行動がある生徒に対して、グループとして主にかかわっていく。この段階での介入は迅速に提供され、特に効率がよく柔軟で、素早く改善点が見られるようなものとして形成されている。一〇％から一五％の生徒が、第二段階の支援を必要としていると推定されている。第二段階の学力システムへの介入の例としては、例えば三〇分の、極小グループでの、リーディングの授業などが挙げられ、通常の学級活動の範囲、幅を超えて、抽出する形で提供される。

第二段階の行動システムの介入、支援では、ＳＳＷｅｒやＳＣ、もしくはほかの行動療法関係の専門家によって、小グループのカウンセリングなどが提供される。リスクのある生徒に、学校でとるべき行動を学ぶ機会を与えることで、学業成績の向上にもつながるような支援、介入が提供されている。第二段階の介入で鍵となってくる構成要素としては、継続的な支援の提供、プログラム実施中のデータの収集と分析を行うことが含まれる。

ＳＳＷｅｒは、第二段階における支援提供をしたり、実施にあたってコーディネートしたりする。特定の生徒が第二段階の支援が必要かどうかというのは、例えば、問題行動の例であるが、規則違反、停学、居残りの回数、出席率や遅刻回数などの傾向を分析することで決定される。これらの要素、遅刻や規則違反などの回数が相当多い場合、追加の支援を提供することもある。

第二段階における支援は、その生徒の問題行動の頻度や、その内容の複雑さなどを考慮して、反映させる。全体を通じて、この生徒の前進した部分、改善した部分をモニターする。例えば、問題行動が減少しているか、あるいは第三段階の介入を考慮に入れるべきかなどを見極めている。

この改善、進歩というものを評価する共通の手法としては、例えば、教師やほかの大人が、授業中のある特定の問題行動について、意見を記録していき、その意見や状況記録から、評価する基準というものを用いる。そしてその評価した教師やほかの大人が、なぜそのような成績をつけたのかということを口頭で子どもに説明する。

補助的な評価の基準として、規則違反であるとか、停学、居残り、遅刻の回数が減少したというようなデータを用いる。また改善、進歩というものを証明するために、出席日数の増加や、介入のあと、支援提供のあとに行われるテストの結果なども、基準として用いる。これらの第二段階進行中のデータの評価を統合していくことで、継続的にその生徒の改善や進歩というものをモニターする。その支援がその生徒のニーズに合致するということも、同時に確認することができる。

また、第二段階の介入においては、入手可能なベストなリサーチ結果をもとに、ＥＢＰと統合して支援を行っていくことができる。生徒の進歩や改善点に関して、どのぐらい改善したかという結論を出す前に、その支援、介入というのは、必ずコンスタントに、かつ正しい方法で行われるべきであり、どのような介入が実施され、それがどのように管理されるのかということに、注意を払う必要がある。

具体的な支援の一例として、認知行動療法と社会学習理論を基盤にした対人関係を中心とする社会生活技能訓練である、ソーシャルスキルトレイニング（ＳＳＴ）の一つである、キューイングとグループのソーシャルスキルのクラスがある。キューイングとは、行動を起こす前に、例えば耳を触るとか、合図を子どもと先生のあいだで決めておいて、何か悪い行動が起こる前にサインを出してあげることで、その行動を防ぐという手法である。キューイングやＳＳＴといった指導は、ＳＳＷｅｒの行うエビデンスに基づく、小グループでのカウンセリング支援の一例として挙げられている。

最終的にはこのプロセスによって、グループリーダーとともに、目標達成のための最終的な決断をする。そのプログラムを受けている生徒は、自分たちの特定の行動に気付いて、よいほうの行動をとれるように自分の行動を評価していくことになる。例えば、授業崩壊などの問題行動のある生徒に対して、小グループでのＳＳＴと、セットでこのキューイングをプログラムとして実施したことで、衝動的な行動が減少している。

次に第三段階の介入（図三‐一の網かけの濃い部分）は、かなり集中的な徹底したニーズをもつ生徒に提供される。この段階の支援、介入は、それぞれの生徒の学習面および行動面の個別のニーズに合わせてつくられる。

この第三段階における学習システムへの介入の一例としては、例えば、通常の授業以外に、第二段階よりも長い六〇分の小グループのリーディングに関する集中講義を受けたりする。

第三段階の行動面への支援というのは、後述するラップアラウンドという、例えば、自宅、学校、地域において、生徒それぞれの長所に着目して、支援プランを立てていくプロセスを含む。個別に立てられた支援プランというのは、慢性的な問題行動を示す生徒の、独自のニーズを満たすために開発され、仕掛けられる。およそ全生徒の一％から五％が、この第三段階の支援を必要とする。この三段階すべての支援は、学校規模での指導や行動に対する支援の連続した形といえる。

このＲＴＩというのは、通常、学校の指導者チームがコーディネートをして、この三段階に分かれた支援をそれぞれ実施する。学校によっては、一つのチームが学習システムへの支援を行って、もう一つのチームが行動システムへの支援をコーディネートするというやり方をすることもある。また、一つのチームが学習面および行動面の支援を、すべてコーディネートするというような場合もある。典型的なチームのメンバーは、例えば、一般教師、特別支援教育担当教師、ＳＳＷｅｒ、学校支援員、校長を含む。ＳＳＷｅｒは、問題行動に対する特別な支援方法を学んできていることが多いため、その分野で活躍することが多い。しかし、学力面、学習システムへの支援が強調されるにつれて、ＳＳＷｅｒも数学やリーディングというものを教える方法や、三段階すべてにおいて提供されている学力面の支援についての手法も身に付けるようになってきている。このように、特に子どもの多くが挑戦的な問題行動を示して、学習面においても困難を感じているような状況に対して、ＳＳＷｅｒと教師がともに子どもを支えていくというような機会が増えてきた。

ＲＴＩのおかげで、ＳＳＷｅｒは、全校のすべてのクラスで、すべての生徒に対して、ソーシャルスキルを教える授業に積極的に加わるような機会も出現している。また、この実践は、問題が起こる前に、それを予防することに主眼を置いた実践である。このような介入は、学校内におけるＳＳＷｅｒの専門職としての地位をより確固たるものにするような結果をもたらしている。

さらに具体的にＲＴＩのなかに含まれるプログラムの例を紹介する。ＰＢＩＳ（Positive Behavior Interventions and Supports）は肯定的なよい行動を支援していくプログラムである。社会的に受け入れられる、適切な行動をとれるよう、学校全体で生徒を促すプログラムである。このＰＢＩＳを積極的に取り入れている学校では、規則違反の回数や問題行動に対処する時間の減少、学校のよい雰囲気の高まりなど、重要な改善点が見られた。特に第二段階の支援において結果が出ているエビデンスケースと、エビデンスに基づくＰＢＩＳの一例としては、行動教育プログラムというものが挙げられる。

まず、行動教育プログラム（ＢＥＰ）の解説を行う。このＢＥＰは、毎日始業前と放課後に、生徒とチェックイン、チェックアウトセッションというプログラムを行い、一日を通じて各教科それぞれの教室において、生徒の行動に関する進歩、改善点に関するモニターを行う。このプログラムにおいて鍵となる要素は保護者の参加であり、生徒は、日々の進歩の結果を書いた記録用紙を保護者と逐一共有する。保護者は自分の意見を毎日の記録用紙に書き込んで、それを生徒が次の日に学校に持って行くという形でフィードバックする。次の日の朝、その生徒はＳＳＷｅｒと会って、昨日の行動のことについて話し合い、また、今日の新しい計画をともに立てていく。その日の学校が終わると、その生徒はまたＳＳＷｅｒへ会いに行き、今日一日、自分はどういうふうに行動できたかということについて話し合い、記録用紙に書き込み、それをまた保護者と内容を共有してくるように確認する。

このＢＥＰプログラムは、生徒の特定の問題行動について改善が見られるまで、毎日のサイクルを繰り返し継続する。生徒のチェックイン、チェックアウト、学校に来ている間に、生徒同士の会話、保護者や教師が会話をするという点に重点が置かれている。

ＳＳＷｅｒは、生徒と問題行動について、いかに効果的にコミュニケーションを図るか、また改善するためにどのように助言を行うかについて、教師と保護者にトレーニングを提供する。また、対話することを通じて、問題行動が起こる前に、生徒が自分の行動を軌道修正できるように、そのような機会をあらかじめ提供する。

次にＰＢＩＳについて説明する。第三段階のＰＢＩＳ、適切な行動をとれるように促すアプローチは、家や学校、地域に、相当強い反抗的な行動を起こしている生徒を対象にしている。全校生徒のうちの一％から五％の、里親委託もしくは他の地方関係機関などにかかっている最も重症度の高い生徒たちは、住居、財政面、健康面、社会面、統一面、学校や宗教的なものなど、生活の多岐にわたって深刻なニーズが満たされず、一人の専門家や機関では対応しきれないような複雑な問題を抱えている。そこで、ラップアラウンドという、エビデンスに基づく行動面に対する支援の一例であるアプローチ方法につないでいくことになる。ラップアラウンドは、地域に存在する支援チームであるが、子どもや家庭からみると、地域のなかに自分の担当、ＳＳＷｅｒを含む支援チームをもつことになる。子どもの問題行動のもとになっているニーズを少なくする、もしくは取り除くということが実証されている。これらは、必ずエビデンスに基づく実践（ＥＢＰ）の手法に沿って行うことが決められている。

以上が、アメリカで法制化されたなかで行われている全数把握からスクリーニング、そして支援へつなぐ仕組みである。アメリカの場合かなり教育活動に踏みこんだメニューであるが、活用されるなどのプログラムも効果が示されたエビデンスに基づくものである。残念ながら、日本にそのような仕組みは存在しない。

3　まとめ

以上、前節Ⅱでは特にアメリカにおけるスクリーニングとＳＳＷｅｒの動きを詳細に記述してきた。しかし、一例であってそのまま日本に導入すればよいというわけでなく、あり様は日本の現状にあうやり方を検討すべきである。ただ明らかに、このようにすべての子どもをスクリーニングし、さまざまな支援を投入することが、結果として、Ⅰで述べた切れ目のない支援につながるのではないかといえよう。就学前は保健分野をベースにスクリーニングを行い、保育や福祉、教育につなぎ、就学後はここで示したように教育分野においてスクリーニングを行い、教育での支援、そしてさらに福祉分野につないで支援を行う。横断的に、切れ目なくつないでいくシステムが必要である。

注

1 通常、学校の校則、生徒指導規程において、「校区外の外出」が禁止されている。

2 高いリスクをもった人を対象に絞り込んで対処していく方法がハイリスク・アプローチ。しかしこれは問題を抱えた少数の人のみにアプローチするもので、ハイリスクと考えられなかった大多数の中にまったくリスクがないわけではなく、その背後により多くの潜在的なリスクを抱えた人たちが存在する。そこで対象を一部に限定しないで集団全体へアプローチをし、全体としてリスクを下げていこうという考え方がポピュレーション・アプローチである。

3 警察署の管轄区域、市町村の区域等を単位に、二〇一七年四月現在、すべての都道府県で約二三〇〇の学校警察連絡協議会が設けられている（警察庁 二〇一七）。

引用文献

警察庁（二〇一七）「平成二九年版 警察白書」（https://www.npa.go.jp/hakusyo/h29/pdf/pdf/06_dai2syo.pdf 二〇一八年四月二五日取得）

岡村重夫（一九六三）『社会福祉学〈第二〉〈各論〉』柴田書店
岡村重夫（一九八三）『社会福祉原論』全国社会福祉協議会
高橋睦子（二〇一五）「ネウボラ――フィンランドの出産・子育て支援」かもがわ出版
都筑千景（二〇〇九）「子育て支援の場としての乳幼児健診のこれからと保健師の役割」『保健師ジャーナル』六五（六）、四七八-四八三
都筑千景・村嶋幸代（二〇〇九）「一歳六か月児健康診査の実施内容と保健師の関わり」『日本公衆衛生雑誌』五六（二）、一一一-一二〇
山野則子・山縣文治（一九九九）「子どもの相談援助システム構築の必要性と課題――相談システム形成の実践例から」『大阪市立大学生活科学部紀要』四七、一六三-一七〇
山野則子・徳永祥子編（二〇〇八）『国際シンポジウム　ＳＳＷに必要なＥＢＰを示せる力とその養成方法――シカゴのアーバンミッションに基づく教育や実践』大阪府立大学
山野則子（二〇一〇）「スクールソーシャルワークの役割と課題――大阪府の取り組みからの検証」『社会福祉研究』一〇九、一〇-一八
山野則子編（二〇一一）『子育て教育系キャリア・コラボ力育成二〇一〇年度報告書』文部科学省「大学生の就業力育成支援事業」大阪府立大学・人間社会学部
山野則子編（二〇一三）『海外インターンシップ　イリノイ　スタディツアー　二〇一二年度報告書』大阪府立大学・人間社会学部コラボ支援推進室
山野則子編（二〇一四）『海外インターンシップ　二〇一三年度報告書　ハワイ・イリノイ・ニュージーランド・リトアニア　スタディツアー』文部科学省　産業界ニーズに対応した教育改善・充実体制整備事業「子育

て教育系キャリア・コラボ力育成」大阪府立大学・人間社会学部コラボ支援推進室
山野則子編（二〇一五）『教育福祉インターンシップBイリノイ・スタディツアー二〇一四年度報告書』文部科学省　産業界のニーズに対応した教育改善・充実体制整備事業「子育て教育系キャリア・コラボ力育成」大阪府立大学・人間社会学部コラボ支援推進室
山崎嘉久研究代表（二〇一四）『乳幼児期の健康診査と保健指導に関する標準的な考え方』平成二五年度厚生労働科学研究（成育疾患克服等次世代育成基盤研究事業）乳幼児健康診査の実施と評価ならびに多職種連携による母子保健指導のあり方に関する研究班（http://sukoyaka21.jp/pdf/H26manyual_yamazaki.pdf 二〇一八年四月二五日取得）
横山美江（二〇一八）「ネウボラで活躍しているフィンランドの保健師と日本の保健師活動の未来」『大阪市立大学看護学雑誌』一四、三一―三五

第4章

学校という場の特殊性

第3章では、主に社会福祉の視点をもとに、すべての子どもたちの最善の利益を重要視した思考から就学後に不足する課題を述べてきた。では、なぜ就学後、発見から支援につながる学校と関係機関との検討の仕組みは構築されてこなかったのであろうか。教育の門外漢であり述べる立場ではないが、福祉の視点、全数把握の視点、協働の視点でみたとき、今の教育現場が、なぜ「抱え込み」になっているのか、制度として関係機関と連携する仕組みをなぜ構築できないのか、理解することは非常に重要であると考える。切り口として、教育行政、日本の特徴的な教師像、学校文化や学校組織、教員免許のカリキュラムの問題、以上四点から検討してみることとする。

1　教育行政からの検討

教育の目的は、教育基本法第一条において「人格の完成を目指し、平和で民主的な国家及び社会の形成者として必要な資質を備えた心身ともに健康な国民の育成を期して行われなければならない」とされている。この教育基本法は、第二次世界大戦後に制定されたものであるが、戦後教育は、戦前の教育を十分に反省したうえで、決別できているのか、戦前と戦後の公教育は実は地続きなのではないか（松浦 二〇一五、岡部 二〇一七）との指摘がある。そのことに少し触れると、松浦は、明治期以来の教育の目的である富国強兵という理念は、富国＝経済成長、と集約され、高校進学率が九〇％を超えるなかで、より深く国民に浸透し、政府によって市場の論理を重視する新自由主義的な教育政策が導入されていったと指摘する（松浦 二〇一五）。

日本の政策形成システムに着目すると、ショッパー（一九九一＝二〇〇五）は、日本を動かしているのは唯一の一体化したパワー・エリート（ドーア 一九七六＝一九七八）、つまり官僚制、財界、自民党の三人組であり、さらに自民党と官僚と特定利益集団の連携が直接的影響力をもち、バランスを欠いた「多元主義」であるとした。多元主義者は、官僚制内部の個々別々の利益の代表者となっていること、各省庁は政策の結果に影響を与える実質的な権力をもっていることを指摘している。

ショッパーは、日本の教育改革が進まない、現状維持指向が強い理由として、行政の分野ごとの利害を基盤にして、政権与党の各行政分野の族議員と官僚と利益集団・団体等からなる行政分野ごとのネットワークである下位政府が、自らの利益を擁護するため現状維持の指向を強め改革を拒否してきたことを指摘している（小川 二〇一〇）。小川（二〇一〇）によると、幼稚園から高等学校までの教職員数は一〇〇万人存在し、職種別、校種別、領域別のさまざまな教育行政関係団体、文教施設協会、教科書協会等の教育産業に関する団体は広範囲に存在する。その集団の数の力で、平等主義を擁護することによって文部省（当時）と利害が一致したことを説明している。

この平等意識には、作り上げてきた歴史と経緯がある。例えば、一九八〇年代以降、ラディカルな改革が世界各国で推し進められ、日本においても一九八四年の臨時教育審議会に始まり、「政治主導」

の改革が行われた。その特徴は、新自由主義とアカウンタビリティという二つの概念が政策や改革の内容と方向を枠づけ主導する中核的な指導理念・イデオロギーとして支配的になったことである（藤田二〇一六）とする立場もある。しかし、苅谷（二〇〇九）は、日本の教育論議は二分法的になされてきたが、その二分法は単純にさまざまな闘争のイデオロギー的あるいは政治的対立図式ではないと指摘する。教育資源の配分のロジックとそこで行われる教育実践を支えるロジックとの関係に目を向けたとき、組合と文部省の共通認識として教育の平等が掲げられ、それを阻む要因として、経済力の相違、教育環境や教師経験などを含む劣悪な教育条件の偏在といった問題を共有していたという。日本の学校教育は、地域（学校）間格差の是正が政策的に最優先され、その下でさまざまな個々のニーズへの対応は学級の集団的教育活動に包摂して教員の実践的レベルの課題として扱ってきたという経緯がある（小川二〇一八）。これはのちに述べる「教師がすべて抱える」構造を作ってきたのではないかと考えられる。まずはいかに平等に教育するかということと、学級ベースの学校行政システムの構築が最優先課題であった。

小川（二〇一六a、二〇一八）によると、敗戦後の学校制度の民主化と整備（新制中学の誕生等）、その後の第一次（一九四七〜一九四九年）・第二次（一九七一〜一九七四年）ベビーブームによる児童生徒数の急増等による地方の爆発的教育需要の拡大に対し、国は義務教育の最低保障を確保して義務教育の底上げや地域（学校）間格差の是正を図ることを最優先課題として取り組んだ。具体的には、地方公務員である義務教育学校教職員の給与を国と都道府県で負担し合うという特例的な仕組みを制度化することで、教職員の質量にわたる安定的な確保を図り（一九五二年の義務教育費国庫負担制度）、また、子どもの学校生活と教育指導の基底的条件である一学級当たりの児童生徒数を国が標準として設定し、どのような地域、学校でも同様の学級の規模を保ち、学級数に応じて教職員が等しく配置されるようにして教育活動の最低水準を維持できる仕組みを構築してきた（小川 一九九一、二〇一〇、苅谷 二〇〇九）。一九五八年の「公立義務教育諸学校の学級編制及び教職員定数の標準に関する法律」（義務標準法）と数次にわたる学級標準の改善により、当初の六〇人学級から近年の三五人学級へ移行していったことを指摘している。反面、こうした一斉教育のなかで、松浦（二〇一五）は、公共心、心の教育も徹底され、ルール違反を戒め規範意識の強化が求められた一方で、私的欲望を焚きつけ競争をあおる市場がさまざまな不正を誘発し、市場競争の敗者や孤立した個人が抱く社会への憎悪や敵意の引き金にもなってきたと述べている。教育現場は、個々の事情をくみとり支援する方向を包摂しなかったといえる。これはのちに述べる主体性や多様性を包摂する福祉的視点が教育現場から抜け落ちやすくなることにつながる。

2　日本の特徴的な教師像

こうして成立している仕組みの上に、日本の学校の教育活動がある。まず学校組織の特徴について触れておく。学校の組織や運営は、日本的な学校組織の特徴である鍋蓋型学校組織とその理論的支柱であったルース・カップリング理論（Weick 1976）の強い影響を受けてきた。ルース・カップリングとは、人や組織の結びつきが緩やかなことを指す。学校の目標や教育活動等は、教師や児童生徒、置かれている環境等により非定型的で状況依存的にならざるをえず、学校の教育活動は、予測と評価が困難であるとして、不確実性、不測性を伴う。この理論は、教員の専門的裁量の保障と個々の教員が柔軟に多様に対応することでそうした不確実性、不測性を縮減できると主張するものであった（小川二〇一〇）。しかし、この形式は一九九〇年代以降の教育を受けた若者が教師になっていくなかで、困難を抱えたときに組織がバックアップするのではなく、個人が抱え込まざるをえない状態を作っているのではないだろうか。

次に、この学校組織のなかで働く教師という視点からみていく。前述した平等な教育をもたらすために、学校は行き過ぎた「結果の平等」を追い求め、「出る杭は打たれ」「個人の能力や創造力を存分に発揮させる」ことを妨げられ、教育の標準化がもたらす共通化と差異化のアンビバレンスに対し、

「面の平等」という解決策が取られることとなった（苅谷 二〇〇九）。この「面の平等」の最小単位は学級である。かつて、一学級の生徒数は、「学級編制等に関する規則」において一八九一年尋常小学校七〇人、一九四一年初等科六〇人と規定されていた。その数のなかで、大正時代からの生活綴り方[1]を見ればわかるように、学級は単なる学習集団に留まらない多様な機能を担う生活共同体の場であった。教師の原点は学級にあり、またそれは単に教師の思いだけで成り立っているのではなく、平等をもたらさなければならない当時の使命によるものであった。そして、日本の教師には多能性が課せられることになり、後述する教員同士の同僚性という面でもアメリカとは道を違えていった。かつ、この人数のなかで教師一人ひとりが学級運営をやり遂げていた事実はまさに佐藤（一九九七）の指摘するアポリア（解決し難いこと）であろう。具体的には、学習教科のほかに、集団の生活・活動（学級活動、学校行事、部活動等）に係る生徒指導を通じて社会規範の育成なども担っている。日本の教師に課せられた多能性は、現在でも当たり前のように社会に認知されているがゆえに、スーパーで万引きをした子どもがいれば、スーパーはまず警察ではなく学校に連絡する。そして教師も当たり前のようにスーパーに出向き対応する。これは欧米では考えられないと驚かれる。まさに生活丸抱えのひとつの姿である。

　このこと自体、スクールソーシャルワーカー（以下、ＳＳＷｅｒ）のような生活への対応を専門とする専門職の導入への抵抗となることは、久冨（二〇〇三）がスクールカウンセラー（以下、ＳＣ）を例に挙げ、以下のように指摘したことと同じである。「（個々の）子ども理解」という教師の専門性に接近した領域で、教師の専門性を上回ると期待される専門職が日常的に配置されることは、専門性・人数・権限・トップへの道、そのいずれにおいても教師がドミナントである（支配的な地位にある）ことを前提にした安定性の揺らぎとなるからである。子どもの学校生活と教育指導の日常的基盤である学級への依拠は、個人レベルではなく国を挙げての「平等」課題の帰結が学級であったということであり、それは教師以外の職種のものが学校に入り、子どもに関わる機能を担っていくことに対する強い抵抗となっていったことは想像するに難くない。

そして学級経営の使命は、個別のニーズをもった子どもも学級集団の一員として「平等」に扱うことであり、個別のニーズに配慮することはその子どもを「特別扱い」（えこひいき）することになり、学級集団づくりを損なうものとして教員に忌避されてきた（小川 二〇一八）。さまざまなニーズをもった子どもも学級内の他の子どもと同じ個として「平等」に扱われ、学級の集団的教育活動によってそのハンディを克服させていくという教員の教育的技量（学級づくり、学級経営力）が特に重視されてきた。

しかし、この生活丸抱えにしても、学級においてすべて教師が対応することにしても、日本の教師の勤務時間が、ＯＥＣＤ加盟国のなかで最も長く（国立教育政策研究所 二〇一四）、かつ長時間労働が一〇年前の倍の八〇時間という数字となった背景でもある（文部科学省 二〇一七）。日本の学校は、圧倒的多数を占める教員単一「文化」の組織であり、他専門スタッフの配置が遅れたのはそうした背景と理由があった（小川 二〇一六b）と指摘されている。

3　学校文化と同僚性

同僚性の変遷

学校に社会福祉実践の投入を行うとなると、これまで「教師の仕事柄に伴う困難とアイデンティティ課題」を何とか乗り切ろうとしてきた「特有の行動様式」といわれる教員文化（久冨 二〇〇三）と教師の「同僚性」について当然検討する必要がある。ここではまず同僚性について見ていく。同僚性には、本来、①教育活動の効果的な遂行を支える機能、②力量形成の機能、③癒しの機能、の三つがあると言われている（紅林 二〇〇七）。二〇一三年度ＯＥＣＤ国際教員指導環境調査（ＴＡＬＩＳ）において、諸外国と比べて教員が学び合う校内研修、授業研究の伝統的な実践の背景があり、組織内指導者による支援を受けている割合、校長やその他の教員からフィードバックを受けている割合が高かった（国立教育政策研究所 二〇一四）ことからも、まさに日本の同僚性の特徴がよみとれる。

詳細を追ってみると、歴史的には一九七〇年代、アメリカにおける教師の職能団体である全米乳幼児教育協会がその倫理綱領の内容改訂を通じて専門職性を確立させようと努力し、一九七五年倫理綱領で「同僚、生徒、保護者及びコミュニティメンバーに対する尊厳と信頼への希求」が重要視され、同僚と学びあうのではなく医師や弁護士と同様に「個業」として認識された（津田 二〇一三）。その後、公民権運動等に象徴されるアメリカ社会の大きな転換期＝異議申し立ての時代として（勝野 一九九六）、ポストモダンの時代に入り、社会の期待と教師の技術にギャップがあるとされ、「包括性」の追求が広まり、教育理論のパラダイム転換につながったとしている（津田 二〇一三）。続いてショーンの省察的実践モデル（津田 二〇一三、鈴木 二〇一〇、佐藤 一九九七）やシュルマンの教師の専門性と自律性を教育改革に結びつける研究、教育内容の価値や意味を問う研究が展開され、教師文化や同僚性の一形態が現れたとした（津田 二〇一三）。しかし、その後の第二次石油危機を経て、一九八三年、アメリカの教育の危機的状況を訴えた報告書『危機に立つ国家（A Nation at Risk: The Imperative for Educational Reform）』によって、スタンダードとアカウンタビリティを中心にして教育改革が展開された。この教育改革では学校経営・管理の「自律性」と並んで教師集団の「協同」「同僚性」がキーワードとされ、コーチングやメンター、チームティーチングなど多様な実験が試みられた。こうして「作られた同僚性」が展開されることとなった（津田 二〇一三、勝野 一九九六）と指摘されている。

こういった経緯のなかで、教師の同僚性については、日本の多くの研究者がハーグリーブスをベースにしながら論を展開させている（諏訪 一九九五、久冨 二〇〇三、佐古 二〇〇六、紅林 二〇〇七、鈴木 二〇一〇、津田 二〇一三）。ハーグリーブスは、教師文化について①個人主義の文化、②分割主義の文化、③協働文化、④企てられた同僚性の文化、という四つがあることを指摘しつつ、日本の教師は欧米と違って集団的な同僚性をもってきたとしている。日本の教師文化では「細かな点についてすべてが一致していないといけない」というのが協働であると誤解され（諏訪 一九九五）、あるいは「同僚教師の教育活動や実践に関心を注ぎ、同僚と共同歩調をすることによって自身の活動や実践を制御する」側面がある（紅林 二〇〇七）ため、協働文化は難しく、強制されたという意味で、企てられた協働文化が優勢であると述べている（諏訪 一九九五）。また日本は伝統的な学級王国（紅林 二〇〇七、苅谷 二〇〇九）の性格をもち、日本の教師と欧米の教師との性格の異なる点として集団的な同僚性が指摘されているが、欧米と同じように教育改革と社会の変化がティーチング文化を不安定なものにする可能性があるとハーグリーブスが警告するように、「公」よりも「私」を重んずるプライバタイゼーション（油布 一九九九）の進行が、相乗的に同僚間の関係性を希薄なものに変えてきたとしている（紅林 二〇〇七）。

ラディカルな同僚性

一九九〇年代以降、ラディカルな同僚性（Fielding 1999）という概念が提唱された。それは同僚や生徒たち、さらには保護者、地域住民をも加えた「学習するコミュニティ」における学び合いを通じて行われる価値のぶつかり合い、それによって深められる真正の学習への到達とされ、このような関係性の全体像であるとされた。そこから、教師の本質は専門職性であると論じられ、地域住民が学校運営や教育実践に積極的に参画する方向に動いていった。日本でも一九九六年七月中教審答申「二一世紀を展望した我が国の教育の在り方について」において、社会に対して開かれた存在となり、家庭や地域社会に対して積極的に働きかけを行い、家庭や地域社会とともに子どもを育てていくという視点に立った学校運営を心がけることは極めて重要なこととして、「開かれた学校」というスローガンが掲げられた。一九九八年九月には中教審答申「今後の地方教育行政の在り方について」において、①学校と地域の協力連携、②保護者や地域住民のニーズの把握、③保護者や地域住民の学校運営への参画、④保護者や地域住民の教育参加、⑤学習施設の共同利用の五点として「開かれた学校」が具体化された。

ちょうどこの頃、学校の実態が社会に見えることとなった事案が起きた。一九九八年四月、子どもが教室で荒れている姿が「学級崩壊」という言葉でセンセーショナルに報道され、社会に衝撃が走ったのである。その後、文部省が委嘱した学級経営研究会で調査が行われたが、一九九九年九月「学級経営の充実に関する調査研究」の中間報告を基に書かれた新聞記事では、学級崩壊の約七割は「教師の指導力不足」が原因であるということにされ、教育界に波紋を広げた（砂原ほか 二〇〇一、請川・星 二〇〇四、須藤 二〇一五）。調査の方法は大量に調査用紙を配布するような量的な調査分析を行うのではなく、関係者にインタビューすることでその質的な中身を検討しようというものである。その自由回答を類型化し、一〇の型に分類し、その結果、最も多かったものが「教師の学級経営が柔軟性を欠いている」という項目で、回答は複数の項目にまたがるが、全体の約七割がそこに当てはまったというものであった。最終報告では、学級がうまく機能しない状態の要因はさまざまで複合的であるが、直接的には「教室における子どもと学級担任の人間関係の在り方」としてまとめている（国立教育政策研究所 二〇〇〇）。

その後、この学級崩壊という課題に対しては、国立教育政策研究所生徒指導研究センター（二〇〇五）において、学級運営と生徒指導の充実改善の基本的方向として、以下の視点が示された。


【視点その1】多様な視点を通した児童理解の深化こそ基本。

【視点その2】学級・学校内の豊かな人間関係の構築、自己指導力を高める取組が大切。

【視点その3】学校における生徒指導体制の確立が重要。

【視点その4】学校・家庭・関係機関・地域等の開かれた連携と協働の推進が重要。

【視点その5】学校評価等の活用、教育委員会のサポートが大事。


学級崩壊の話題は「学級王国」の批判にも向かい、ここに示された視点には、「開かれた学校」の動きの影響もみられる。しかし、これは、まさに小川（二〇一六a）のいう「学校教育をめぐる変化や課題」に対して「それに必要な能力は、ＯＪＴや研修で身につけ教員が多能化することで対応してきた」流れであり、教師と違った視点の導入方策が出されたわけではなく、さらなる多能化を求めることになったのではないか。子どもや家庭を主語にしてその変化へアンテナを張る方向ではなく、また子どもや家庭にとっての最善策という視点は見られず、教師にとってさらに厳しい方向となる政策へと動いている。

その後の政策動向として、二〇〇三年一二月の中教審答申「今後の学校の管理運営の在り方について（中間報告）」において、「開かれた学校」に変わって「地域に開かれ信頼される学校」が学校改革施策のなかで推進され、学校評価事業においても重要とされた。そして、二〇〇六年三月「義務教育諸学校における学校評価ガイドライン」が策定され、学校と地域の関係が開かれているだけでは十分ではなく、信頼される関係が構築されなければならないことが謳われた。学校と地域の関係は対等ではなく、あくまでも教育の主体は学校で、地域は学校の教育方針に基づいて教育に参加することが期待されている。二〇〇七年に出された学校評価の推進に関する調査研究協力者会議「学校評価の在り方と今後の推進方策について（中間とりまとめ）」では「信頼される学校」の学校モデルは取り下げられ、「共通理解を深める関係」が強調された。外部評価に加え、学校関係者評価を採用し、保護者や地域住民を学校運営とその改善に一定の責任を有するものとして位置付けた。

二〇〇八年、指導力不足の可能性がある教員に対し、指導力の回復および現場復帰をはかるための研修制度が教育公務員特例法（二〇〇八年四月一日改正法施行）において法制化され、文部科学省の「指導が不適切な教員に対する人事管理システムのガイドラインに関する調査研究協力者会議」により同年二月八日にガイドラインが発表されている。

模索され志向される方向性

ラディカルな同僚性は、教師同士の学び合いはもとより、子どもと教師も相互に学び合う学習コミュニティを目指し、そのコミュニティに保護者や地域住民を包括した合議体を提唱する。そのなかでの教師の役割は、「平等の中の一番」と象徴されるように、その経験と学びの実践をバックにしてコミュニティの人々を説得し仲介し、まとめるという同僚性の役割を付加した専門職である（津田 二〇一三）とされ、教育活動を行う同僚の範囲が拡大し新しい同僚性を構想することが日本の教師に最も適したものであり学校の現状を克服するにふさわしい（紅林 二〇〇七）と方向づけられている。教師の役割の拡大また役割の拡散ともとれる。チーム医療と比較して、病院と学校は多様な職種が入り込んでいるという点で似ているため、チーム医療と同様に学校も同僚から「チーム」に向かうべきであることを示唆する声もある（紅林 二〇〇七）。

また、鈴木（二〇一〇）は、教師の自律性の強さが学校組織・文化に影響を与えると指摘している。教師の自律性・個人主義が、協働・同僚性を用意する一方、同調圧力が生じることでその自律性・個人主義を抑圧するという関係性を指摘し、有力アクターによって「協働」と名指しされる活動が、個々の教師の自律性を抑圧し学校の協働文化をやせ細らせるとした。「協働」か「圧力による同調」

かという状況定義は非対称な権力関係もある諸アクター間の相互作用によって社会的に構成される。

藤田（二〇一六）は、ハーグリーブスとシャーリーが示唆した「第四の道」について、現状の問題性を克服し、学校教育の望ましい在り方と教師の専門性・協働性や自信・誇りを重視し、教師たちが道徳的に動機づけられて教育活動を進め、自己研鑽と協働的な力量形成・教育改善に持続的に取り組んでいけるシステムと環境を作り出すための代替ビジョンとして、「専門的学びの共同体」を提示したと説明している。これは、アクターが教師と保護者・住民と教育委員会であり、教師が保護者や住民から積極的信頼を得るためにも専門的資本の蓄積・向上に努めることが重要であり、三つのアクター間のコミュニケーションが拡大することで、種々の技法が伝播・普及し、システムレベルでの一貫性が確立していくことになるとした。さらに藤田（二〇一六）は、日本の方向性として、中道左派的な政治路線「第三の道」に可能性があるとして、ハーグリーブスらの第四の道に重なるが、日本教育の特徴や良さとして、①学校教育の総合性・包括性、②教師の同僚性・協働性を挙げ、②が教師の自己効力感と正の相関を示すことから、同僚性や協働性の重視に帰結している。

これらの経緯を見ても、組織的に教師に抱えられる問題かどうかという判断がどこかでされるわけではなく、日本の教師のいい面としての同僚性に期待され、ますます教師は外に向かってＳＯＳを発信しづらくなってきたのではないか。現状の子どもや家庭の抱える大変さをすべて教師の文化、同僚性で乗り越えていく方向性が強化されているのではないか、と思わざるをえない。さらにいうと、同僚性と並んで協働が述べられているが、ここでいう協働は教師同士の協働であり、他職種や他機関との協働ではまったくないことに注意が必要である。チーム学校の議論では、保護者もチームに含む考えも示されているが（熊谷 二〇一六）、保護者や地域住民までも同僚に含めるのは、現代社会のさまざまな状況を考慮すると、ますます教師を追い込むことになるのではないか。同僚性と協働性は分けるべきであり、保護者や地域住民を協働相手として、どう視野に入れ、包括していくのか示されなければ、すでに超過勤務が常態化している教師にとってさらなる過重になると考える。

また、この経緯から、学校文化のなかでは、他機関とともに検討する仕組みなどの発想がなかったことは十分うかがえる。その根底には、これまで学校で丸抱えしていたことを外に投げかけるとなると、指導力不足と受け取られかねない懸念があるのではないだろうか。そして教師にはかつての聖職認識が残っており、それと教育労働者、教育専門家という三つの自己認識のなかで揺れ続けているといっても過言ではないかもしれない。

4　学校組織の特徴

力不足を承知しながら、ここまで学校文化の特徴を見てきた。歴史的経緯をたどり、なぜ教師がすべてを抱え込まざるをえない状況になっているのか、単に仕事量だけではない視点から検討してきた。

そこには、すべての子どもたちに教育を平等に提供するために、すべての地域に学校を設置することが重視され、さまざまな課題があったにもかかわらず、その時代時代の多様な難解な課題に、背景を見ずに、教師の力のみが問われ続けてきた経緯があった。さらにそれを支える学校文化、つまり同僚性や教師同士の協働を作る、子どもを教育する職種に差をつけない理念が存在したといえる。この文化や理念があるからこそ、教育の現場はそう簡単には変化しない。仕事量が多いからどこかに移管するという単純な方法では解決しない。長い歴史をひっくり返す大作業が必要となるであろう。小手先の手法ではなく、根底の価値をすり合わすところから始めなければならないだろう。

これまで行われてきた教育改革において、フラットな鍋蓋組織からヒエラルヒーを持つ官僚組織へと再編成され、教師の学校業務上の役割分担が明確化されるようになった（油布・紅林 二〇一一）と指摘されている。しかし、批判を恐れずに実態から述べるとすれば、確かに主幹教諭など中間管理職が配置されたが、一般企業や福祉機関のように、係員→係長→課長→所長代理→所長というような決裁権を持つラインがあり、個人責任でなくラインで責任をもって動く組織にはなっていない。つまり、担任→主任→主幹→副校長や教頭→校長などのように報告が上がるライン組織になっているわけではなく、日常的に何らかの確実な連絡（決裁機能の意味）によって組織のトップのみでなく複数のものが確認、サポートできる体制があるわけではない。結局のところ、各担任と明確な責任者である校長・教頭という管理職のみで対応してしまうことになる。第1章で紹介してきたような事例を見ても管理職に相談して訪問を繰り返した担任に、現状組織からみると、何も問題はない。むしろ、現状の組織体制によって、子どもや家庭にも担任にも不幸な結果を招く、あるいは防ぐことができないということになるのではないだろうか。

もちろん、一般企業などのライン組織はそのままでは学校になじまないし、学校体制が作られてきた歴史やよさがある。しかし、問題が多様で複雑化している今日、学校はすでに聖域ではなく、どんな社会問題が飛び込んでくるかわからない状況である。そのなかで学校だけがピラミッド組織でなく、鍋蓋組織が続いている現状のままで耐えうるのか。同職種の同僚性が重視され、きちんとした指揮系統のラインがないなかでは、教師一人で無防備にさらされる、組織として守られない方向となるのではないか。もしも一人の教師が子どもや家庭の課題を抱えたときに、その教師を守り切れない組織となっているのではないか。

第1章で述べたように、子どもの問題は二〇年前と比べて不登校、問題行動、いじめ、発達障害、児童虐待など、すべてにおいて数倍、一〇倍以上と増加しており、質量ともに変化していることは明らかであり、それは社会変化の現れに他ならない。これを受けて、「児童・生徒の問題行動への対応（小学校九二・一%、中学校九三・三%）」「保護者・地域からの要望・苦情等への対応（小学校七五・三%、中学校七〇・〇%）」と教師がかなり高い従事率で従事せざるをえなくなっており、その負担感は前者で五五%強（従事率五〇%以上の項目のうち上位六位）、後者で七〇%強（同、上位三位）となっている

（文部科学省 二〇一七）。ハーグリーブスの指摘の通り、教育改革だけでなく、社会の変化もティーチング文化を不安定なものにしてきた重大要素である。

児童相談所や福祉事務所でも、かなりの複雑な事例と対峙することは多々ある。夜中に呼び出され対応することもある。しかし、係長、課長、所長代理、所長とラインが明確な組織があるため、多忙でも誰かと相談したり同行したりすることができ、一人で判断、行動することはない。報告や決裁を回すラインは共同体で、一職員が抱えることはない。それに対して学校は、決裁はないし、記録を書くことは職務ではないため、毎日の子どもや家庭の気になることを報告するすべがない。状況を詳細に知る人は一人の教師（主に担任であるが）だけになる。管理職に報告をすればよいということであろうが、中間管理職の存在がないため、多忙な管理職に気軽に伝えられないまま問題を抱える教師は少なくない。本来は組織は、管理のためだけではなく、職員を擁護するために存在するはずである。

以上、教師の仕事の負担が重くなっているのは、背景にある歴史や学校文化が仕事を無限化、拡散させてきた経緯もあると考えられる。ゆえに、教師の働き方改革のポイントは、単純に仕事量についての議論では前に進まない。簡単に仕事を切り分けて移行先を決めて移行するという方法ではなく、根本的な価値の議論、組織変革が必要なのではないかと考える。

5　教師になるためのカリキュラムに存在する課題

最後に、学校文化を継承してきた仕組みをとらえるため、あるいは変革の可能性を見出すために、教員養成の課題を確認しておこう。そのポイントは、教師という職種に同僚性や協働性を期待するのであれば、ましてやチーム学校の方向性に向かおうとしているのであれば、教職課程において、学問としての協働を学ぶ機会があるか、協働できる相手を学ぶ機会があるか、問われるべきであろう。相手を知らなければ、協働はできない。教師の協働相手は決して同じ教師だけではないことはラディカルな同僚性のなかでも謳われている。

では、教職課程はどのようになっているのであろうか。二〇一五年一二月に出された中教審答申「これからの時代の教員に求められる資質能力の向上について」では、教員が備えるべき資質能力として以下の三点を挙げている（中央教育審議会 二〇一五）[2]。

○これまで教員として不易とされてきた資質能力に加え、自律的に学ぶ姿勢を持ち、時代の変化や自らのキャリアステージに応じて求められる資質能力を生涯にわたって高めていくことのできる力や、情報を適切に収集し、選択し、活用する能力や知識を有機的に結びつけ構造化する力などが必要である。

○アクティブ・ラーニングの視点からの授業改善、道徳教育の充実、小学校における外国語教育の早期化・教科化、ＩＣＴの活用、発達障害を含む特別な支援を必要とする児童生徒等への対応などの新たな課題に対応できる力量を高めることが必要である。

○「チーム学校」の考えの下、多様な専門性を持つ人材と効果的に連携・分担し、組織的・協働的に諸課題の解決に取り組む力の醸成が必要である。

この答申を受けて検討されている新たなカリキュラムについて中学校を例に見ていく（図四－一）。まず、変化した点は、現行の養成課程（中学校第一種）では、四種類あった教職に関するカテゴリーが二種類となり、各カテゴリーに必須の一科目が明記された。福祉に関しては、その一つは「特別の支援を必要とする幼児、児童及び生徒に対する理解」である。教職や教科に関する必修科目を増やし、「または科目」が「大学独自科目」となり、それを減らして総単位数（五九単位）を合わせている。

答申からわかるように、かなりのことが教師に求められている。このカリキュラムでは、冒頭述べたように、教員を救えるヒントになる目の前に生じる問題の背景に視点を向ける社会福祉の手法を学ぶ科目はなく、どこに助けを求め、協働すればいいのか、協働やチームについてもまったく触れられない。もっといえば、筆者が「教育相談等に関する調査研究協力者会議」委員（二〇一五年一二月から二〇一七年三月）として、チームを組む相手の価値をまず示し共有する必要があることを主張したが、同じ意味において、このカリキュラムでは他職種の価値を知り、共有することをカバーしていない。

学校でのことは教員がすべて行うように読み取れる。

重要なのは、教師がすべてしなければならないのではなく、教師が自身で対応しなければならないことと、教師が実行するのではなく自分が見聞きしたり懸念したりしたことを伝えなければならないことの区別を学ぶことである。後者は、組織がある程度ラインになっていなければならないし、校内組織体制をカリキュラムのなかで知ることができなければならない。さらに、校内組織から内部の専門家あるいは外の専門機関につなぐのであれば、その校内専門家や専門機関について、どんな専門性があり、どう協働するべきなのかを明確に学ぶ必要がある。根底に自身で抱えないで必ず報告しなければならないことを法定化する必要もあろう。教師が意識変革すべきというレベルのものではない。法整備と協働の理念、価値、技術を教師になる段階で基本として習得する必要があるのではないだろうか。このまま教師が主語で、すべてを担うようにと育成されていけば、チーム学校や地域との協働は実質的に教師が丸抱えする現状から脱皮できないのではないかと懸念する。せっかくの中教審答申の大改革は、大きな意味をもつ制度改革につながったが、肝心の元になる教員養成の科目の改訂まで、各部会に深く連動させて検討するような仕組みになっていなかった（審議会の縦割り）。自分たちの提案した内容と教職課程の科目を照らし熟考する時間が追い付かなかったのは残念であると言わざるをえない。

見直しのイメージ

	各科目に含めることが必要な事項	専修	一種	二種
教科及び教科の指導法に関する科目	ロ　教科に関する専門的事項 ロ　■各教科の指導法（情報機器及び教材の活用を含む。）（一定の単位以上修得すること）	28	28	12
教育の基礎的理解に関する科目	イ　教育の理念並びに教育に関する歴史及び思想 ロ　教職の意義及び教員の役割・職務内容（チーム学校への対応を含む。） ハ　教育に関する社会的，制度的又は経営的事項（学校と地域との連携及び学校安全への対応を含む。） ニ　幼児，児童及び生徒の心身の発達及び学習の過程 ホ　■特別の支援を必要とする幼児，児童及び生徒に対する理解（1単位以上修得） ヘ　教育課程の意義及び編成の方法（カリキュラム・マネジメントを含む。）	10	10	6
道徳，総合的な学習の時間等の指導方法及び生徒指導，教育相談等に関する科目	イ　■道徳の理論及び指導法（一種：2単位，二種：1単位） ロ　総合的な学習の時間の指導法 ハ　特別活動の指導法 ニ　教育の方法及び技術（情報機器及び教材の活用を含む。） ホ　生徒指導の理論及び方法 ヘ　教育相談（カウンセリングに関する基礎的な知識を含む。）の理論及び方法 ト　進路指導（キャリア教育に関する基礎的な事項を含む。）の理論及び方法	10	10	6
教育実践に関する科目	イ　■教育実習（学校インターンシップ（学校体験活動）を2単位まで含むことができる。）（5単位） ハ　■教職実践演習（2単位）	7	7	7
大学が独自に設定する科目		28	4	4
		83	59	35

（注）本見直し案で決定しているが，図としてはこの図がわかりやすいので使用する。■については，大学が備考においてこの区分内で単位数を設定しなければならない。他は合同での単位数でよいと説明されている。

図 4-1　教員養成課程の見直し（中学校）

現　行

		各科目に含めることが必要な事項	専修	一種	二種
教科に関する科目			20	20	10
教職に関する科目	教職の意義等に関する科目	教職の意義及び教育の役割	2	2	2
		教員の職務内容（研修，服務及び身分保障等を含む。）			
		進路選択に資する各種の機会の提供等			
	教育の基礎理論に関する科目	教育の理念並びに教育に関する歴史及び思想	6	6	4
		幼児，児童及び生徒の心身の発達及び学習の過程（障害のある幼児，児童及び生徒の心身の発達及び学習の過程を含む。）			
		教育に関する社会的，制度的又は経営的事項			
	教育課程及び指導法に関する科目	教育課程の意義及び編成の方法	12	12	4
		各教科の指導法			
		道徳の指導法（一種：2 単位，二種：1 単位）			
		特別活動の指導法			
		教育の方法及び技術（情報機器及び教材の活用を含む。）			
	生徒指導，教育相談及び進路指導等に関する科目	生徒指導の理論及び方法	4	4	4
		教育相談（カウンセリングに関する基礎的な知識を含む。）の理論及び方法			
		進路指導の理論及び方法			
	教育実習		5	5	5
	教職実践演習		2	2	2
教科又は教職に関する科目			32	8	4
			83	59	35

（出所）　中央教育審議会（2015）に筆者が加筆

注

1　自分の生活に基づいた文章を書かせることでものの見方や感じ方を指導する教育方法。

2　「不易とされてきた資質能力」としては、使命感や責任感、教育的愛情、教科や教職に関する専門的知識、実践的指導力、総合的人間力、コミュニケーション能力等が挙げられている。

引用文献

中央教育審議会（二〇一五）「これからの学校教育を担う教員の資質能力の向上について」(http://www.mext.go.jp/component/b_menu/shingi/toushin/_icsFiles/afieldfile/2016/01/13/1365896_01.pdf 二〇一八年四月二四日取得)

Dore, R. P.（1976）*The Diploma Disease: Education, Qualification and Development*, University of California Press.（＝一九七八、松居弘道訳『学歴社会　新しい文明病』岩波現代選書）

Fielding, M.（1999）Radical Collegiality: Affirming Teaching as an Inclusive Professional Practice, *Australian Educational Researcher*, 26 (2), 1-34.

藤田英典（二〇一六）「教育政策の責任と課題」佐藤学ほか編『学校のポリティクス』岩波書店

苅谷剛彦（二〇〇九）『教育と平等――大衆教育社会はいかに生成したか』中公新書

勝野正章（一九九六）「学校という組織・集団の特性」堀尾輝久ほか編『組織としての学校』柏書房

国立教育政策研究所（二〇〇二）『学級経営研修の在り方に関する調査研究　平成一二年度　調査研究報告書』

国立教育政策研究所編（二〇一四）『教員環境の国際比較――ＯＥＣＤ国際教員指導環境調査（ＴＡＬＩＳ）二〇一三年調査結果報告書』明石書店

国立教育政策研究所生徒指導研究センター（二〇〇五）「学級運営等の在り方についての調査研究報告書」（https://www.nier.go.jp/shido/centerhp/unei.pdf 二〇一八年四月二四日取得）
久冨善之（二〇〇三）『教員文化の日本的特性――歴史、実践、実態の探究を通じてその変化と今日的課題をさぐる』多賀出版
熊谷愼之輔（二〇一六）「地域連携からみた『チーム学校』」『教育と医学』六四（六）、四六八-四七四
紅林伸幸（二〇〇七）「協働の同僚性としての《チーム》」『教育学研究』七四（二）、一七四-一八八
松浦良充編著（二〇一五）『現代教育の争点・論点』一藝社
文部科学省（二〇一七）「教員勤務実態調査（平成二八年度）の集計（速報値）について」（http://www.mext.go.jp/b_menu/houdou/29/04/__icsFiles/afieldfile/2017/04/28/1385174_002.pdf 二〇一八年四月二四日取得）
小川正人（一九九一）『戦後日本教育財政制度の研究』九州大学出版会
小川正人（二〇一〇）『教育改革のゆくえ――国から地方へ』ちくま新書
小川正人（二〇一六a）「子どもの貧困対策と『チーム学校』構想をめぐって」スクールソーシャルワーク評価支援研究所（所長　山野則子）編『すべての子どもたちを包括する支援システム』せせらぎ出版
小川正人（二〇一六b）「『専門性に基づくチーム体制の構築』に向けて大切なこと」『初等教育資料』九四二、八-一一
小川正人（二〇一八）「教育と福祉の協働を阻む要因と改善に向けての基本的課題――教育行政の立場から」『社会福祉学』五八（四）、一一一-一一四
岡部美香（二〇一七）「近代学校の成立と展開――小学校はいかなる社会的機能を果たしてきたか」岡部美香編著『子どもと教育の未来を考えるⅡ』北樹出版、一〇-二九

佐古秀一（二〇〇六）「学校組織の個業化が教育活動に及ぼす影響とその変革方略に関する実証的研究——個業化、協働化、統制化の比較を通して」『鳴門教育大学研究紀要』二一、四一-五四
佐藤学（一九九七）『教師というアポリア——反省的実践へ』世織書房
Schoppa, L. J.（1991）*Education Reform in Japan*, Routledge.（＝二〇〇五、小川正人監訳『日本の教育政策過程——一九七〇～八〇年代教育改革の政治システム』三省堂）
須藤康介（二〇一五）「学級崩壊の社会学——ミクロ要因とマクロ要因の実証的検討」『明星大学研究紀要　教育学部』五、四七-五九
砂原文男・名和原恵理・首藤龍磨（二〇〇一）「学級経営の充実に関する研究」『平成一三年度全国教育研究所連盟「教育課題等」研究協議会研究発表資料』（北海道十勝大会）
諏訪英広（一九九五）「教師間の同僚性に関する一考察——ハーグリーブスによる教師文化論を手がかりにして」『広島大学教育学部紀要第一部（教育学）』四四、二一三-二二〇
鈴木雅博（二〇一〇）「ミクロ・ポリティクス的視角による学校の組織・文化研究の再検討」『東京大学大学院教育学研究科紀要』五〇、二九五-三〇四
津田昌宏（二〇一三）「教職の専門職性としての同僚性」『東京大学大学院教育学研究科教育行政学論叢』三三、一七九-一九三
請川滋大・星信子（二〇〇四）「学級がうまく機能しない状況をどう考えるか（Ⅱ）——小学校からの自由記述回答を中心に」『北海学園大学学園論集』一二二、一三七-一五四
Weick, K. E.（1976）Educational Organization as Loosely Coupled System, *Administrative Science Quarterly*, 21, 1-19.

油布佐和子編（一九九九）『教師の現在・教職の未来――あすの教師像を模索する』教育出版
油布佐和子（二〇一〇）「教職の病理現象にどう向き合うか」『教育社会学研究』八六、二三―三七
油布佐和子・紅林伸幸（二〇一一）「教育改革は、教職をどのように変容させるか?」『早稲田大学大学院教職研究科紀要』三、一九―四五

第5章

教育と福祉の再編成に向けて

第4章において、日本の教育行政、特徴的な教師像、学校文化、学校組織、教員免許のカリキュラムの問題、以上四点から学校の特異性や協働という視点がないこと、それはなぜなのかについて批判ではなく理解するために述べてきた。

では反対に、社会福祉は、学校と歩み寄る努力をしてきたのだろうか。臨床心理学は、「児童生徒理解」という教師に必要な視点に親和性が高かったため、学校に役立つ専門性として、理解されやすかった。その後、教師にカウンセリングマインドが浸透し、教員免許取得者を中心に学校心理士の制度が設立され、心理職が浸透していった経緯をみてもわかりやすい。他方、社会福祉は、学問上、社会学と親和性が高く、ターゲットに社会が存在し、地域や関係機関という個人から離れた視点や政策へつなぐマクロな視点をもつことから、学校にとっては子どもから遠い感覚とうつったり、領域外や関係の薄い存在と感じたりしたであろう。時には子どもの人権という視点から学校組織を攻撃する存在のように認識されてきたのではないか。そこを超えることができるよう、社会福祉が学校へアプローチを十分行ってこなかったともいえよう。

ここでは、まず教育と福祉の接点に関する議論を過去の社会福祉や児童福祉からの経緯、地域や圏域の視点を加え確認し、近年の社会福祉の動きとして社会福祉法の改正に関わる地域共生社会の議論を取り上げて、学校プラットフォームへの親和性を確認する。

1　教育分野に対する社会福祉の位置

早くから学校福祉事業として、教育と社会福祉について論述したのは岡村重夫である。岡村（一九六三）は、教育、特に義務教育と社会福祉の関連を三段階に分けて、議論を展開させている。第一は、「社会福祉からの教育の疎外」の段階である。社会福祉を代表する救貧法においても児童の教育の要求は認められず、他方、教育を代表する小学校令において貧困児童は「就学の免除または猶予」という抜け穴によって義務教育から排除され、義務教育制度から閉めだされた貧困児童の教育が社会福祉においても取り上げられない事態を「社会福祉からの教育の疎外」とした。福祉は対象者の生理的欲求を承認する原則で動いており、勤労や授産を尊重したため教育が福祉において一時的に無視された段階である。これは社会福祉が制度の狭間に機能する意味において、適切に機能していなかった時代といえよう。

第二は「保護事業における貧児教育」の段階であり、貧困児童に対して教育の必要性は認められたものの、教育に必要な経費として支給される「教育扶助」は教育機関ではなく保護事業を運営する機関において決定され、貧困児童その他特殊児童の教育が、普通児童の一般教育と差別され特別扱いされた、社会事業的段階である。現代にも続く根強い貧困観やスティグマを作り上げた仕組みであろう。

それだけでなく、貧困のために教育費を負担しえないことや一般の児童と同じ教育に参加できないことを自ら証明する必要があり、たとえその状況にあっても申請を躊躇する人々を作り上げた。これは現在にも続いており、第1章で述べた、二〇一六年大阪の大規模調査においても貧困ライン以下の経済的に苦しい状況にありながら、児童扶養手当の未受給者が約一〇％存在すること（大阪府立大学 二〇一七）などにつながる。

第三段階は「教育制度のなかの社会福祉」として、「特殊学校や特殊学級」や「学校給食」、「学齢児童就学奨励規程」などを設けることによって、教育制度自体のなかに、社会福祉的機能を取り入れる、当時にとっての「現代の社会福祉的段階」としている。ただし、就学奨励サービスは、一般児童が負担しうる費用を負担しえない貧困者であることを公然と証明しなければならない仕組みであった。そのスティグマを避け、あえて不就学や長期欠席を選ぶことにもつながった。先述した大阪調査において、先に示した社会福祉の制度として存在する児童扶養手当と同様に教育制度に存在する就学援助も、貧困ライン以下の経済的に苦しい状況にありながら、未受給者が約一五％存在すること（大阪府立大学 二〇一七）につながる。たとえ教育制度自体に社会福祉サービスを取り入れたとしても、その運営において、保護事業的発想をもっている場合、すべての児童に義務教育の機会を保障する、という最初の目的は到底成功しない。区別することが当たり前の文化を作り上げてきたからこそ、現代社会においても、例えば「子ども食堂」などの議論において、あえて「貧困のレッテルにならないように」という主張がなされる。イギリスでは貧困であることは制度や資源を利用できる権利であるからこそ、「貧困マップ」のようなものが公然と示されるが、日本では抵抗が大きい。

教育と福祉に関しては、第2章において社会教育の視点から紹介したが、小川利夫が一九五〇年代後半からの「教育福祉」問題に関する共同調査研究に取り組み、一九八五年には教育福祉問題として、著書を発表している。そこでは、学校教育および社会教育における社会福祉問題の位置づけ、その教育内容としての社会福祉のとらえ方、その教え方への問題を「福祉教育」問題とし、児童福祉サービス事業のなかに無意識のままに包摂され、未分化のまま放置されている児童の学習・教育権保障の諸問題を「教育福祉」問題と総称している。つまり子どもの課題であるにもかかわらず、児童福祉から抜け落ちているところを焦点化している。このうち、前者は福祉教育としてのちに展開され（小川・大橋 一九八七、大橋 一九八八、柴田ほか 二〇一〇、原田 二〇一三）、教育と福祉の関連をめぐる諸議論は教育福祉論として、貧困家庭の高校進学などの問題、現代にも継続して議論されている幼保一元化問題や感化教育、働く青年の問題、学童保育の問題、児童養護施設における学習権問題など、学校教育に限らず実践的課題を指摘している。そして、その接近方法は、「客観的」「地域的」「主体的」であるべきとしている。当時の高度経済成長期である時代背景において、地道な生活視点での調査を行い、見過ごされがちな子どもたちの実態を浮き彫りにした研究を取り上げ、貧困がなくなったととらえられかねない時代に警鐘をならす重要な役を果たしている。

その後、青木（一九九二）は、子どもの発達や自己実現が阻害され、さまざまな病理現象が生まれてきている現象の理解を教育の側からの問いかけと同時に、社会福祉の側も、教育に向かって果たさなければならないことを指摘している。弱者層あるいは「切り捨てられた」子どもや青年層の側に立ち、教育がもつ限界を、単に「補完」するだけでない役割が問われているとして、現実を明らかにしなければならない緊急の課題があると警鐘を鳴らした。歴史的にも残され続けてきた課題のなかに、あるいは新しく生まれてきた課題のなかに潜んでいる本質的問題を、社会福祉の立場を徹底させることによって、現代的課題として問題提起していく義務があるとしている。さらに、学問領域として「教育福祉論と呼ぶべき学問の分野・性格が、教育と福祉の『統合』といった、あいまいな『大き過ぎる』目的ではなく、教育と福祉にかかわる実践的な課題を扱い、そこではいわゆる課題解決の『方法』研究をも含めて初めて成り立つものだとすれば、その新たな構築にはとくに実践的な理論形成が欠かせない」としている。障害をもった子どもたちの放課後のケアといった特殊教育との連携のなかでの課題を例に挙げながらも、「社会病理的」諸現象に対しても取り組み、従来から扱ってきた「貧困の世代的再生産・継承」といった課題に対して、まともに取り組むことをその仕事のひとつにしている、アメリカのスクールソーシャルワークに着目していた（青木 一九九七）。

青木が述べるように、これらの流れが、教育領域における社会福祉が、学問としての教育福祉学ではなく、実践的理論の必要性から方法論としてスクールソーシャルワーク（以下、ＳＳＷ）の発展に傾斜していく経緯となった。

2　社会福祉のなかの児童福祉や教育分野の位置

では、社会福祉のなかでの子ども家庭福祉や教育分野の位置はどうだったのであろうか。社会福祉や地域との距離、教育との連携という視点について、制度の成熟と限界という意味では児童福祉法改正との関連からみるのがよいだろう。改正は主に、児童虐待に対応できる相談体制の構築と少子化対策に関連する子育て支援の二つの柱で進められてきた。

児童福祉の変遷

そもそも社会が子どもを固有の存在として認めていなかった歴史の流れのなかで、一九二四年ジュネーブ宣言、一九四七年児童福祉法策定や一九五九年児童の権利に関する宣言によって、徐々に子どもは保護すべき存在として認められてきた。長い歴史とさまざまな経緯があり、児童を保護すべき受動的存在として位置付けた当時の児童福祉法制定は意義があった。戦後の親を亡くした子どもの存在、浮浪児、労働搾取などの社会的課題から生理的ニーズでさえ不十分ななか、子どもの保護は最優先課題であり、措置制度が児童福祉の中心をなしていくことになった。山下（二〇〇三）は、「福祉が措置制度に依拠してきたサービスであるがゆえに、サービス対象領域が限定されてきた」と指摘し、「子どもたちに関わる問題は山積している。……福祉の分野はほとんど対応していない」と批判している（山野 二〇〇七）。

その後、時代が変わったにもかかわらず、法律の大きな見直しは一九九七年までなく、理念に関しては、子どもの主体的権利を明確化した子どもの権利条約批准後の二二年を経た二〇一六年の改正まで変更がなされることはなかった。措置制度が児童福祉の中心をなし、教育や他分野から見ると明らかに福祉は措置偏重であり、専門機関は児童相談所に限られ、そこで扱う事例は保護が必要な特別な事例であった。学校や児童館など広く子どものいる、さまざまな場所において福祉的視点による検討や福祉的視点の導入がなされるような方向ではなく、地域や身近なところから切り離して特別な対応をしていくことが、児童福祉の状況であった。他機関や他職種との関連でいうと、措置という行政処分における地域や学校との関係が中心であり、圏域でいうと広域行政の都道府県圏域（表五－一）を中心に子ども家庭福祉が展開されてきた（山野 二〇一八b）。

その後、急速な少子化の進行、児童虐待問題の深刻化、少年事件に関する問題など児童福祉領域の問題が徐々にクローズアップされ、次世代育成支援対策推進法（二〇〇三年）、児童虐待の防止等に関する法律の改正（二〇〇四年）、児童福祉法の度重なる改正と、さまざまな仕組みづくりがなされてきた。子どもの保護や措置だけでなく、少子化問題やさまざまな問題発生予防を含めて、「すべての子

表5-1　圏域と地域の役割

	中心機関	圏域	地域の役割（関係）	公との関係・状態
A	児童相談所	都道府県	通報者	上下関係
B	市町村児童相談	市町村	通報者，協力者	ネットワークの一員であるが，指示により動く
C	市町村子育て支援，子どもの貧困対策	市町村（保健，保育—児童館）	支援者，住民としての当事者の可能性有	住民としての対等性が重視されると共生に向く
D	地域，学校（教師の意味ではない）	小中学校区	支援者（訪問者）当事者	対等性 当事者性から共生が可能

（出所）山野（2018b）

育て家庭」にスポットをあて始めたといえる。

一九九七年からの児童福祉法改正の重点は、冒頭に述べたように、児童虐待に対応できる相談体制の構築と少子化対策に関連する子育て支援市町村相談体制づくりであり、今までの都道府県圏域ではなく、より身近な市町村相談体制づくりが行われた（柏女 二〇一五、山縣 二〇一七、山野 二〇〇七）。まず前者については、二〇〇四年の児童福祉法の一部改正において、児童相談に関し市町村が担う役割を法律上明確化し、要保護児童の状況の把握や情報交換を行うための要保護児童対策地域協議会を設置できることとし、支援内容を一元的に把握するよう市町村の責任を明確化した。その後もこの地域協議会の設置を努力義務化し、設置率を高めた。これは児童虐待の問題を扱う市町村ごとの協議会であり、その特徴から、ここで求められる学校等関係機関や地域の役割はあくまでも発見し通報することであり、子どもを見守るネットワークと呼称がついたが、対等に責任をもつネットワークというよりは、児童虐待の特殊性から、児童相談所や市町村児童相談専門機関の協力者であると取られがちな実態がある（表五-一）。

また要保護児童問題は、市町村で一元的にと言われているが、学校と福祉との連携は、十分なされているとは言いがたい。例えば、児童相談所における児童相談件数をみると学校からの紹介事例が七・二%であり、その数は小中学校までの全校児童数の〇・〇八九%であった（厚生労働省 二〇一七a、文部科学省 二〇一七）。児童福祉施策に、学校がメンバーとしてかろうじて登場するのは、法律に明記された先述の要保護児童対策地域協議会であるが、設置されている市町村においても実務者会議が平均年に六・七四回、学校がこのメンバーに入っているのは、小学校で三三・四%、中学校で三二・七%ほどである（厚生労働省 二〇一六a）。

子育て支援とのかかわり

子育て支援では、児童虐待の増加とともに子育ての孤立が注目されつつあるなかで、一九八〇年代の早い時期から、公民館の保育付き講座というかたちで当事者組織をサポートする公民館活動の取り組み（梅原 一九九九）が始まった。つまり社会教育の活動を起点として、一九九〇年代に自主的な子育てサークルが各地で生まれ、あるいは子育てネットワークとしてコミュニティ・ソーシャルワークの枠組みで展開していった（山野 二〇〇二）。まさに、当事者組織が活発に主体的な地域を形成していく土壌となっていった。しかし、これが子育て支援という行政課題になると、措置のように指導的な直接支援を中心に展開していた行政は、自主組織への間接支援ではなく、行政主導の直接実施として制度化していった。原田正文（二〇〇二）は、制度として地域子育て支援事業に発展することで、当事者の主体性の低下が起きたと批判的見解を述べている。

二〇〇三年の児童福祉法改正において、市町村に子育て支援事業の実施の努力義務が課せられ、その相談、調整を市町村が担うこととなり、健全育成相談に関する市町村の責任が明確化された。子育て支援も変遷を経て、現在では、地域の子育て支援機能の充実を図り、子育ての不安感等を緩和し、子どもの健やかな育ちを支援することを目的に地域子育て支援事業が展開されている。具体的な取り組みとして、①地域の多様な世代との連携を継続的に実施する取り組み、②地域の団体と協働して伝統文化や習慣・行事を実施し、親子の育ちを継続的に支援する取り組み、③地域ボランティアの育成、町内会、子育てサークルとの協働による地域団体の活性化等地域の子育て資源の発掘・育成を継続的に行う取り組み、④家庭に対して訪問支援等を行うことで地域とのつながりを継続的にもたせる取り組みなどが掲げられ、この内容から地域との相互作用が期待されていることがわかる。つまり内容的には地域人材がさまざまに登場し相互交流が意図されているが、原田（二〇〇二）が指摘したように、行政が主導で実施するものが、住民相互関係として当事者性が大事にされる展開となりうるかは課題が残る。これは従来からの児童福祉の特徴でもある。圏域でいうと、子育て支援事業は、児童館や保育所などで行われることも多く、校区よりは広い範囲で、市町村圏域よりは狭い、この間に存在することが多い（表五−一）。

また二〇一六年の児童福祉法改正において児童虐待の発生予防が一つの柱として挙げられ、妊娠期から子育て期の母子を対象としたワンストップサービスの拠点として、子育て世代包括支援センターの法定化（努力義務）が打ち出された。各地で、フィンランドの「ネウボラ」（→第３章）を参考に妊娠から出産、基本的には六歳まで切れ目なくサポートを提供する総合的な支援サービスが検討されつつある。ただし、これはまだ例の少ない新しい取り組みである（西嶌 二〇一七）。

このことからもわかるように、子育て支援の主な対象と考えられているのは乳幼児である。乳幼児が成長発達を遂げて小学校や中学校に入学していく過程を考えると、本来、市町村行政で総合的に検討し教育分野も含めて相談体制を策定する必要がある。しかし、子育て支援事業は、注目されているフィンランドのネウボラ的な取り組みや子育て世代包括支援センターも乳幼児期のみの展開であり、就学後の機能と切り離されて取り組まれている。真のワンストップとは言えない状況であろう。

貧困対策とのかかわり

続いて、子どもの貧困対策の動向から社会福祉や地域との距離、教育との連携という視点からみていく。第2章において述べたように「子どもの貧困対策の推進に関する法律」が、第一八三回国会において成立し、二〇一四年一月に施行された。これを受けて、二〇一四年八月「子供の貧困対策に関する大綱」が閣議決定され、教育の支援、生活の支援、保護者の就労支援、経済的支援が打ち出された。この大綱を踏まえ、学校を子どもの貧困対策のプラットフォームと位置付ける方向性が示された。同じ時期、生活保護法の一部を改正する法律が生活保護費の不正受給や受給者増加などに対応するとして、二〇一三年一二月に生活困窮者自立支援法とともに成立した（施行は二〇一四年七月〔一部は二〇一四年一月〕）。つまり生活保護法の見直しと並行して子どもの貧困対策が検討されていた。湯澤（二〇一五）が背後に「子ども」というレトリックが作動したと指摘したほど、確かに貧困問題全体でなく子どもの貧困対策が勢いをもったようであった。その流れは現在も続いており、領域横断と言いながら、子ども領域と公的扶助領域の理念に整合性が図れていない。「地域」というワードを安易に使用することで、公的責任があいまいになるなどあってはならない。また対等な関係の住民参画になっているのか、スティグマを生む状況になっていないか、たえず注意喚起する必要がある。しかし、「子どもの貧困」というキーワードによって、各地で学習支援や子ども食堂等のかたちで住民や企業の参画が起き始め、思わぬ力が結集されつつある。これは、貧困世帯というターゲットに確実に届いているかどうかはさておき、児童館、公民館、校区福祉委員会、自治会など子どもに近い圏域、まさに地域で実施されている（表五－一）。支援者も商店の地域住民であったり、自治会であったり、多くは住民当事者である。新しい動きであるが、自治体の中の児童福祉部門や生活保護部門ではなく、子ども政策部門として担っているところも多い。

以上、福祉サイドから検討すると、過去の児童福祉が施設保護中心に議論されてきた経緯もあり、子ども家庭相談体制作りも子育て支援体制作りにおいても、より小さな圏域である校区や地域側の視点から積極的に学齢児や教育分野を視野に入れた体制になっていない。また、二〇〇八年から始まった、教育現場における社会福祉の専門職スクールソーシャルワーカー（以下、ＳＳＷｅｒ）のことが、子ども家庭福祉の取りまとめを行う厚生労働省ではまったく触れられておらず、視野にないと言わざるをえない。社会福祉の専門人材の多くは高齢者福祉や障害者福祉分野である。例えば職能団体の分野を見ても、子ども家庭委員会はすべての都道府県社会福祉士会に設置されているわけではなく、子ども家庭福祉分野の人材は社会福祉のなかでは少数派であることは免れない。社会福祉のなかの子ども家庭福祉の位置づけの課題でもある。そして、これは世間の福祉に対する認識に近い。学校や教育センターなど教育機関から見たとき、社会福祉は高齢や障害を対象とするイメージが強く、子ども家庭福祉の認識や知識は少ない。

そのようななかで、二〇一七年の地域共生社会の実現の議論のなかでなされた社会福祉法の一部改正において、すべての人々の生活課題に児童分野が入ったこと、教育に関する課題を新たに明記する形（社会福祉法第四条第二項）に包括されたことの意義は大きい。

では、この地域共生社会とはどのようなものなのか、次節でその経緯と内容について触れる。

3　地域共生社会――「我が事」「丸ごと」議論

教育分野における社会福祉について、そして、児童福祉の法改正を概観しながら、社会福祉における児童福祉、児童福祉における教育分野との関連に思考を進めてきた。さらに、地域共生社会の視点を踏まえ、今まで整理しまとめてきた福祉と教育の関連（山野 二〇〇七、山野 二〇一八a、山野 二〇一八b）を加味し、多面的に論考していく。そのためには、まず地域共生社会に関する動向を探る。

地域共生社会の議論の経緯

現代では、少子高齢化社会、人口減少（特に地方圏・中山間地域の減少）、行政やサービス提供側の人材不足、などが大きな課題になっている。介護保険法、障害者総合支援法、子ども・子育て支援新制度など、各制度の成熟化が進む一方で、既存の縦割りのシステムでは対応できないことが多くなっている。

政府は一億総活躍社会づくりを進めており、パラダイムを転換し、福祉が「支え手側」と「受け手側」に分かれるのではなく、地域のあらゆる住民が役割をもち、支え合いながら、自分らしく活躍できる地域コミュニティを育成する方針を打ち出した。そして公的な福祉サービスと協働して助け合いながら暮らすことのできる「地域共生社会」を実現する必要があるとして、二〇一六年七月に厚生労働大臣が本部長となり、「我が事・丸ごと」地域共生社会実現本部を設置した。審議官や部局メンバーが局を横断して三つのワーキングチームに分かれて議論する格好である。

具体的には、「我が事」とは「他人事」になりがちな地域づくりに地域住民が「我が事」として主体的に取り組めるような仕組み作りを行うことで、「丸ごと」とは、対象者ごとに整備された「縦割り」の公的福祉サービスを「丸ごと」へと転換し、総合相談支援の体制整備を進めていく方向のことである。そのためのサービスや専門人材の養成課程の改革までも含めたものであった。

さらに研究者や実践家など有識者で地域力強化検討会を二〇一六年一〇月から始め、同一二月の四回目の会合で中間とりまとめを出した。その内容を受けて社会福祉法改正案が出され、二〇一七年二月に国会に提出された。その後も検討会では議論が続き、同八月を最終回として、九月に厚生労働省より最終とりまとめが公表され、同一二月には厚生労働省通知として、社会福祉法第一〇六条の三に基づき、市町村における包括的な支援体制の整備に関する指針を二〇一八年四月から適用することを公表した。

地域共生社会とは何か

「地域共生社会」の実現に関しては、公的責任の放棄である（芝田 二〇一七）、包括的な相談支援体制を構築していくという個別支援の課題と住民同士が支え合い主体的に課題解決に取り組めるような地域社会を形成していくという地域支援の課題との混同である（松端 二〇一七）など批判や意見がさまざまに出されている。それに対し、地域力強化検討会の座長を務めた原田正樹（二〇一七）は、中間とりまとめ、改正社会福祉法、最終とりまとめ、の三点をセットで理解することで全体像がつかめると主張する。

現在、縦割りになっている各分野が地域共生社会を本気で実現していくためには、ベースとなる理論提示が必要であり、またその地域共生社会のプロセスの明示が必要ではないだろうか。その点は第6章においてさらに議論を深めたい。孤立の進行が著しい現代社会において、地域共生社会が本当に可能なのか、地域共生社会を真の意味で作り出せる人材を養成できるのか、地域に丸投げでは決して実現できない。ここでは三つの段階に沿って、筆者がテーマにしている学校をベースにした場合と照らして検討してみる。

「中間とりまとめ」では、①「住民に身近な圏域」での「我が事・丸ごと」、②「市町村における包括的な相談支援体制」、③「地域福祉計画等法令上の取扱い」、④「自治体等の役割」、と方向性が出された。まず①の実現のために、他人事を「我が事」に変える働きかけをする機能が必要であり、「楽しい」「やりがいがある」取り組みへの地域住民の参加とともに、「深刻な状況にある人」に対し

「自分たちで何かできないか」と思える意識の醸成をうたっている。ここで「表に出にくい深刻な状況にある世帯に早期に気付けるのは住民、しかし、支援につなげられる体制がなければ、自ら解決するか、気になりながらも声をあげることができないままにせざるを得ない」（厚生労働省 二〇一六b）と記述され、これは本書で今までに述べてきた教師の実態も同じである。どこでどんな支援が行われているかの可視化と支援につなぐ体制が必要である。

②「市町村における包括的な相談支援体制」においては、「協働の中核を担う機能が必要で、多様で複合的な課題に対し福祉のほか、医療、保健、雇用・就労、司法、産業、教育、家計、権利擁護、多文化共生等多岐にわたる連携体制が必要」として、ここに教育が入った。制度の狭間に対して、地域住民と協働して新たな社会資源を見つけ出し、また生み出すとされている。まさに第２章で述べてきた、学校における地域協働本部やコミュニティ・スクールの学校運営協議会は、福祉から見ると制度の狭間に位置する仕組みである。こととつながりながら支援することが地域共生社会の視点からみても重要であることが裏付けられる。

③「地域福祉計画等法令上の取扱い」については、学校という場を地域の一つのプラットフォームと考えると、ここに記載されている「計画策定を行い、ＰＤＣＡサイクル等による評価を徹底すべきである」が当てはまるであろう。また、「守秘義務を有する者が、住民の協力も得ながら課題解決に取り組む場合、住民との間で個人情報の共有が難しい」という課題の記載もあるが、これは学校をフ

ィールドにしても同じである。この点については、次章で述べる。

④「自治体、国等の役割」として、福祉部局の横断的な体制、保健所等も含めた包括的な相談体制の構築を検討すべきとしている。これもまさに第3章で述べてきたように、保健所による全数把握の仕組みから切れてしまうことを問題視し、就学後にも同様につながる仕組みを提案してきた立場とまったく同じ指摘をしていることになる。二〇一七年二月社会福祉法の一部改正の内容をみると、こうした議論が根幹となって法改正に至ったことがよくわかる。

「社会福祉法の改正」のポイントは、理念（社会福祉法第四条、五条、六条）に基づき、包括的支援体制の整備（同法第一〇六条の三）と地域福祉計画（同法第一〇七条、一〇八条）の策定を含めた行政の役割と責務（第六条二項）を明確にし、地域福祉計画を努力義務化したこと、ととらえられる。原田正樹（二〇一七）は、地域福祉計画が他の計画を包括する上位にある基盤計画として位置付けられたことや、「地域住民等」に地域住民に加え、社会福祉を目的とする事業経営者、社会福祉に関する活動を行うものと三者が含まれ、これは福祉サービスを必要とする人を含んだ地域住民であることが重要であると指摘している。教育に焦点化してあえて述べると、中間とりまとめの「協働の中核を担う機能が必要」というところまで触れられていないが、地域住民が抱える課題として教育が入った（社会福祉法第四条第二項）ことの意味は大きい[1]。

二〇一七年九月の「最終とりまとめ」では、総論（今後の方向性）、各論1「市町村における包括的な支援体制の構築」、各論2「地域福祉（支援）計画」、各論3「自治体、国の役割」とまとめられた。総論には、ⓐ地域共生が文化として定着する挑戦、ⓑ「待ち」の姿勢から「予防」の視点に基づく早期発見、早期支援へ、ⓒ専門職による多職種連携、地域住民等との協働による地域連携、ⓓ「支え手」「受け手」が固定されない、多様な参加の場、働く場の創造、ⓔ「点」としての取り組みから、有機的に連携・協働する「面」としての取り組みへ、という方針五点を明示した。これらの方向性は、まさに本著で論じている内容を後押しするものである。

4　子ども領域における地域共生社会

以上、教育分野における社会福祉、社会福祉のなかの児童福祉の位置や児童福祉のなかの教育分野の位置、そして近年の社会福祉の動きとして地域共生社会について検討してきたが、ここでは子ども領域を「地域共生社会」の視点で整理してみる。「地域共生社会」を議論するのに「子ども領域」とするのはミスマッチであることは承知のうえで、現状そこからの整理を行っていく。

地域共生社会を意識した子ども領域の全体像

まず、今まで述べてきた子ども領域における地域や圏域との関連（本章の第2節）を量的、視覚的

図5-1　圏域と対応範囲

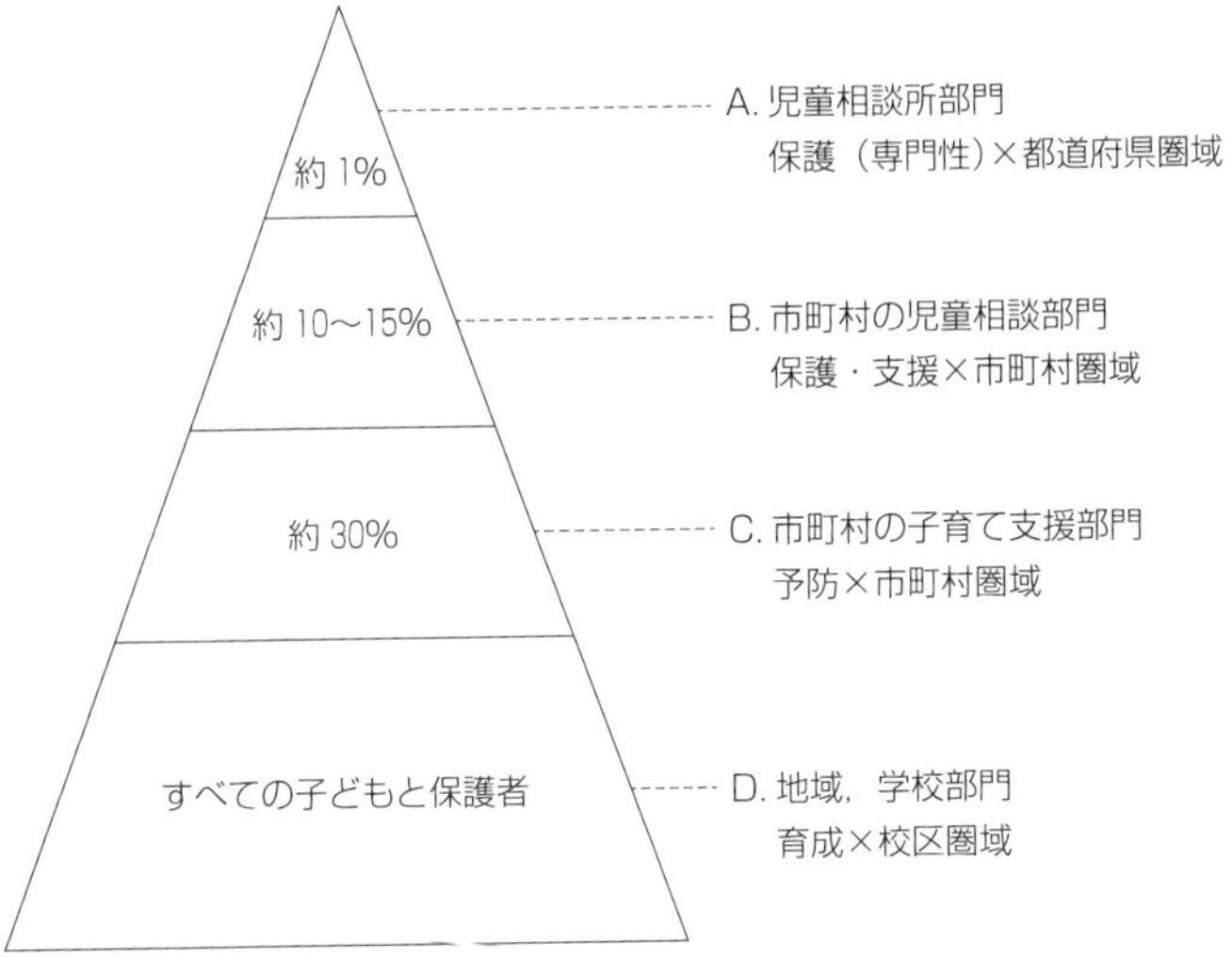

（注）　上に行くほど高い層を表す（図3-1と同様）
（出所）　山野（2018b）

に示す。図五－一のように示すことができ、便宜上、AからDまで命名した。また地域を主語にしたときの役割や状態を整理した（表五－一）。

　これらを見ると、現在の地域の関係性が崩壊している状態のなかで、過重に地域に期待したり、行政が都合よく、協力者、支援者、当事者と使い分けたりしているのではないかという懸念が生まれる。決して地域を主語にした発想ではない。批判を覚悟していうなら、子ども家庭福祉の立場としては、二〇一六年の改正で児童福祉法の理念に規定された、子どもの最善の利益を考慮した視点でとらえるためやむをえない流れでもあった。そのことも包含したうえで最も望ましいのは、

表五‐一のD領域が発展し拡充されることによって、結果としてAやB領域が縮少することである。しかし、A領域を減らすために行政が地域を利用するのでは、地域の主体性は生み出されず、共生理念に反するであろう。さらに主体性を生み出すスキルには高い質が求められる。

子育て支援や子どもの貧困対策によって、ようやく子ども家庭福祉領域に、D領域の展開の可能性が広がり、住民としての当事者性や主体性が地域共生社会を生み出す可能性が生じてきたのではないかと考える。子ども家庭福祉の視点において、地域組織化活動が有効に機能する分野が拡大し始めたともいえよう（山野 二〇一八b）。

学校を拠点にする可能性

以上述べてきたように、地域共生社会の拠点を学校という場に作ることが、望ましいと考えられないだろうか。

第2章で述べた二〇一五年の中央教育審議会答申は、子ども家庭福祉の領域ではないが、まさに圏域としては校区を対象としたものであり、学校と地域の共生に触れている。コミュニティ・スクール（学校運営協議会制度）は、学校と地域住民等が力を合わせて学校の運営に取り組むことが可能となる「地域とともにある学校」への転換となり、学校運営に地域の声を積極的に生かし、地域と一体となって特色ある学校づくりを進めていくことができるとされている。学校とは教員だけの世界ではないこと、地域と教職員が対等な関係であることを示すものであった。

コミュニティ・スクールについては、教育行政学者の多くが学校改革や学校運営として、その重要性を主張し（加治佐 二〇〇四、天笠 二〇〇八）、イギリスの研究（植田 二〇一五）なども学校運営として紹介されている。ここには社会福祉との関連は視野に入っていないし、社会福祉のなかでもコミュニティ・スクールについて議論されることはほとんどなかった。そのなかで、青木（二〇〇二）は、アメリカのコミュニティ・スクールについて、「学校改革とヒューマン・サービスの側の改革は、互いに別々に……取り組んできている」「フルサービス・コミュニティ・スクールという Dryfoos の問題提起は、……いずれにしても、歴史的には、実践的にも理論的にも、このような連携の動きは学校側からのそれではない」と、やはり教育と福祉で別々に始まり、「学校改革との実践的な結合、理論的な関連性をめぐる隔たりは大きく」、最終的には「根強い官僚的組織間の縦割りの残存」、「『家族の役割と学校の役割の関係』『責任』の問題、すなわち『家族観』『学校観』の分裂といったことと関わっている」と紹介している。

日本における議論も、当事者にとって最も身近な校区圏域で行われるものであり、社会福祉が重視している主体性、当事者性のある仕組みであるにもかかわらず、これまで社会福祉が着目してこなかったのは、アメリカの経緯と同様、ガバナンスの問題と子どもの最善の利益のための支援の問題は、焦点が違うため、交差することなく議論されてきたからと考えられよう。

第3節で述べた地域力強化検討会最終とりまとめは、圏域をできるだけ住民に、子ども領域でいうと子どもに近いところで展開することが望ましいと示しているが、まさに学校を拠点にしたコミュニティ・スクールや地域学校協働本部は好ましい例である。特に子ども自身は小学校では一人で校区を出てはいけないと指導されており、一人で行ける範囲に拠点がなければ、家庭状況によって利用できるかが左右され、真に子ども支援の拠点とはなり難い。子どもの視点、つまり子どもの最善の利益を考慮すると、可能な限り校区圏域で考えるべきであろう。

中央教育審議会副会長、チーム学校部会の座長を担った小川正人（二〇一八）は、社会福祉法改正を取り上げ、教育も含めた地域における包括支援体制の構築に取り組むことが明記されたとし、「学校をプラットホームとする発想とは別に、地域包括支援体制を構築する展望の下に福祉等の他部局・機関と教育委員会部局の連携・協働の組織を創設し、そのネットワークの中に学校を包摂していくという選択肢も考えられる」と、学校領域に多職種が入ることを牽制した。社会福祉法の改正によって、教育関係者がやはりプラットフォームは福祉領域にあるべきだと理解することは、縦割りを改善し「丸ごと」に向かい、住民にとって身近な圏域を大事にするというポイントをとらえていない、と言わざるをえない。この改正社会福祉法の成立は、学校外に拠点を作る方向性を示したわけではなく、逆に学校という場の活用を支持したともとらえることができる。生活課題とともに教育課題も検討する範囲に入ったということは、住民に近い圏域として、子育て世代包括支援センターや地域子育て支援センターとともに学校という場の可能性を示す新しい提案につながる。学校を地域の場ととらえ、まさに学校に新たな文化を創出する挑戦、「地域で共生文化を創出する挑戦」（厚生労働省 二〇一七b）の一つといえよう。

「地域力強化検討会最終とりまとめ」（厚生労働省 二〇一七b）において「重層的なセーフティネットの構築〈予防福祉推進〉」が掲げられ、「これからの社会福祉にとって重要な視点は『予防』である」とされた。筆者が長年主張し続けてきた、学校は子どもたちを全数把握しているからこそ予防機能をもつ（山野 二〇〇六、二〇〇七、二〇一〇、二〇一五）という視点からも、貧困対策における学校プラットフォームは、第3章で紹介した予防を担うフィンランドの保健部門のネウボラのように「我が事」だけでなく「丸ごと」の意味をもつ可能性がある。地域共生社会の実現の方向性によって、その可能性が裏付けられたといえよう。

最後に、地域共生社会の政府案に関して触れる。そもそも、地域共生や文化の創造などは、国から強制されるものではない。実際、原田正樹（二〇一七）は、行政サービスの効率化やリスク分散のための住民参加など課題があることも指摘している。学校プラットフォームを考えたとき、まったく同じことが言える。学校評議会や学校運営協議会が形骸化しているところや、地域と児童福祉の重なる領域において子どもの最善の利益のための協働の場がなく、先述したように仕事が地域に振られるだけに思われることは多々ある。この場合、最終とりまとめに記載されている「個人の尊厳が尊重され、多様性を認め合うことのできる地域社会をつくり出していく」ことは、専門職には困難である。だからこそ、地域住民を巻き込み、対等ななかでこの価値を生み出し実現できる仕掛けが必要ではないだろうか。

そのためには、①個別事例の共有レベルではなく、参画する住民をはじめ多様な機関やアクターが全体構造（図五－一参照）を認識する必要があること、②地域共生が育つためには主体性が育成されるネットワーク理論やプロセスの明示が必要であり、その仕掛けが必要であること、③地域丸投げではなく、政府や自治体が単なる人材投入や政策を示すだけでなく、これらが機能する仕組みづくりの提示と財源投資を行い、真の意味の地域共生に責任をもつこと（これは主導権をもつことを指しているわけではない）、④専門職養成として、養成カリキュラムの領域横断化や地域共生の真意を問う教育を展開すること、などが必要であろう。

注

1　第四条第二項は、「地域住民等は、地域福祉の推進に当たっては、福祉サービスを必要とする地域住民及びその世帯が抱える福祉、介護、介護予防……、保健医療、住まい、就労及び教育に関する課題、福祉サービスを必要とする地域住民の地域社会からの孤立その他の福祉サービスを必要とする地域住民が日常生活を営み、あらゆる分野の活動に参加する機会が確保される上での各般の課題（以下「地域生活課題」という。）を把握し、地域生活課題の解決に資する支援を行う関係機関（以下「支援関係機関」という。）との連携等によりその解決を図るよう特に留意するものとする」と教育の課題も入った。

引用文献

天笠茂（二〇〇八）「地域運営学校（コミュニティ・スクール）と学校経営の課題」『学校経営研究』三三、一〇―一七

青木紀（一九九一）「現代教育福祉問題に関する素描」『教育福祉研究』一、三九―五〇

青木紀（一九九七）「第7章　貧困の世代的再生産」庄司洋子・杉村宏・藤村正之編『貧困・不平等と社会福祉』有斐閣

青木紀（二〇〇二）「アメリカにおける教育と福祉の連携――フルサービス・コミュニティ・スクール」『北海道大学大学院教育学研究科紀要』八五、一五七―一六九

原田正文（二〇〇二）『子育て支援とＮＰＯ』朱鷺書房

原田正樹（二〇一三）「福祉教育実践の新潮流――共生文化の創造をめざして」『月刊福祉』九六（五）、一二―一七

原田正樹（二〇一七）「改正地域福祉計画と地域住民等の参加諸相」『ソーシャルワーク研究』四三（三）、一九四―二〇二

加治佐哲也（二〇〇四）「『地域運営学校』の点検・評価をどう行うか」『教職研修』三二（八）、四二―四五

柏女霊峰（二〇一五）『子ども・子育て支援制度を読み解く――その全体像と今後の課題』誠信書房

厚生労働省（二〇〇三）「次世代育成支援に関する当面の取組方針――少子化対策推進関係閣僚会議決定」（http://www.mhlw.go.jp/topics/bukyoku/seisaku/syousika/0314-1.html　二〇一八年四月一一日取得）

厚生労働省（二〇〇四）「児童虐待の防止等に関する法律の一部を改正する法律」（http://www.mhlw.go.jp/topics/ 2004/04/tp0414-1.html 二〇一八年四月一一日取得）

厚生労働省（二〇一六ａ）「要保護児童対策地域協議会の設置運営状況調査結果の概要」（http://www.mhlw.go.jp/file/06-Seisakujouhou-11900000-Koyoukintoujidoukateikyoku/0000163891.pdf 二〇一八年四月一一日取得）

厚生労働省（二〇一六ｂ）「地域力強化検討会中間とりまとめ――従来の福祉の地平を超えた、次のテージへ」地域における住民主体の課題解決力強化・相談支援体制の在り方に関する検討会（地域力強化検討会）（http://www.mhlw.go.jp/file/05-Shingikai-12201000-Shakaiengokyokushougaihokenfukushibu-Kikakuka/sankoushiryou_1.pdf 二〇一八年四月一一日取得）

厚生労働省（二〇一七ａ）「平成二八年度　福祉行政報告例」の統計データ　表二四「児童相談所における児童虐待相談の対応件数、都道府県―指定都市―中核市×児童虐待相談の経路別」（https://www.e-stat.go.jp/stat-search/files?page=1&layout=datalist&tstat=000001034573&cycle=8&tclass1=000001108815&tclass2=000001108820&second2=1 二〇一八年四月一一日取得）

厚生労働省（二〇一七ｂ）「地域力強化検討会最終とりまとめ――地域共生社会の実現に向けた新しいステージへ」地域における住民主体の課題解決力強化・相談支援体制の在り方に関する検討会（地域力強化検討会）（http://www.mhlw.go.jp/file/05-Shingikai-12201000-Shakaiengokyokushougaihokenfukushibu-Kikakuka/0000177049.pdf 二〇一八年四月一一日取得）

松端克文（二〇一七）「地域福祉推進における二つの支援機能」『桃山学院大学総合研究所紀要』四二（三）、一一二七

文部科学省（二〇一七）「平成28年度学校基本調査」（http://www.mext.go.jp/component/b_menu/other/icsFiles/

afieldfile/2016/12/22/1375035_1.pdf 二〇一八年四月一一日取得）
西嶌知子ほか（二〇一七）「座談会地域に根ざした子育て・子育ちを展望する」『地域福祉研究』四五、五四―六九
小川利夫・大橋謙策編（一九八七）『社会教育の福祉教育実践』光生館
小川正人（二〇一八）「教育と福祉の協働を阻む要因と改善に向けての基本的課題――教育行政の立場から」『社会福祉学』五八（四）、一一一―一一四
大橋謙策（一九八八）「福祉教育の実践的視点と今後の検討課題」『月刊福祉』七一（三）、四二―四九
岡村重夫（一九六三）『社会福祉学（各論）』柴田書店
大阪府立大学（代表山野則子）（二〇一七）「大阪府子どもの生活に関する実態調査」
芝田英昭（二〇一七）「社会保障制度基盤を揺るがす『改革』――『地域共生社会』で強調される自助・共助」『住民と自治』六五一、六―一〇
柴田謙治・原田正樹・名賀亨（二〇一〇）『ボランティア論――「広がり」から「深まり」へ』みらい
植田みどり（二〇一五）「第2章　地域の核としての学校」尾崎春樹（研究代表）『「地域とともにある学校」の推進に向けた教育行政の在り方に関する調査研究報告書』国立教育政策研究所、九三―一一一
梅原直子（一九九九）「貝塚子育てネットワークの会」『子どもの文化』三一（八）、一六八―一七三
山縣文治（二〇一七）「子ども・子育て支援と地域福祉」『地域福祉研究』四五、三―一二
山野則子（二〇〇二）「子育てネットワーク」許斐有・望月彰・野田正人・桐野由美子編『子どもの権利と社会的子育て』信山社出版
山野則子（二〇〇六）「子ども家庭相談体制におけるスクールソーシャルワーク構築」『ソーシャルワーク研究』

三二（二）、一一三―一一九
山野則子（二〇〇七）「第1章　子ども家庭相談体制におけるスクールソーシャルワーク」山野則子・峯本耕治編『スクールソーシャルワークの可能性――学校と福祉の協働・大阪からの発信』ミネルヴァ書房、一―一七
山野則子（二〇一〇）「スクールソーシャルワークの役割と課題――大阪府の取り組みからの検証」『社会福祉研究』一〇九、一〇―一八
山野則子編著（二〇一五）『エビデンスに基づく効果的なスクールソーシャルワーク』明石書店
山野則子（二〇一八ａ）「子どもの貧困――施策編」『月刊こころの子育てインターねっと関西』一八三、二―三
山野則子（二〇一八ｂ）「子ども家庭福祉から見た『我が事・丸ごと』地域共生社会――学校プラットフォームの可能性」『ソーシャルワーク研究』四四（一）、三六―四三
山下英三郎（二〇〇三）『スクールソーシャルワーク』学苑社
湯澤直美（二〇一五）「子どもの貧困をめぐる政策動向」『家族社会学研究』二七（一）、六九―七七

第6章

学校プラットフォームのあり方

——教育と福祉の共存は可能なのか

第1章では、現在、子どもをめぐって生じている現象に触れ、これは単純なものではないこと、決して個の問題として片づけることができないことに触れてきた。第2章で、文部科学省の各部署における施策の経緯、その議論を説明した。そして、第3章では、構造的にそこに何が足りないのかを提示し、第4章で、教育行政、日本の特徴的な教師像、学校文化、学校組織、教員免許のカリキュラムの問題から、学校の特異性や意味を問うた。さらに第5章において、教育と学校に対する福祉側の課題を歴史的に論じ、現在の厚生労働省が打ち出す「地域共生社会の実現」の方向性にも、学校プラットフォームという学校拠点の考え方は親和性が高いことを論じた。

本章においては、学校プラットフォームという仕組みに対して教育界からの反発、福祉界からの乖離があるなかで、これらを超えるための方策を提示したい。まず、それぞれの理念や価値を共存させる理論や方法が必要であることを示し、その一つの具現化した形としてのイギリスの拡大学校の例、そして日本で部分的に積み上げてきた実践を示しながら、学校概念のとらえ直しと発想の大転換を必要とする学校プラットフォームのあり様を提案する。これは地域共生社会の可能性を探ることでもある。これを実現、維持するためには、今あるさまざまな政策が相互に機能する形にしていくことが必要である。その手法と専門職の養成について最後に述べる。

1　学校プラットフォームとは——子どもの最善の利益を中心に据えて

学校現場や福祉現場で課題となる、不登校や非行は、もともと親の孤立や貧困に端を発し、それが児童虐待に関連していき、子どもたちがさまざまに社会不適応を起こしていくという、個別にはそれぞれ違いが存在するものの、一連の流れが読み取れた（➡第1章）。そこから、そもそも孤立や貧困から生じる子どもの些細な兆候に気づき、支え合う学校や地域をどう作っていくか、という課題へのアプローチが必要である。

これは、第2章で述べた二〇一五年一二月の中教審答申で四つの部会から出された答申の全体像でもある。詳細は第2章で述べたが、各部会（チーム学校、コミュニティ・スクール、地域学校協働、教員養成部会）の提言を一枚に入れた図（図二-一）は、それぞれの関連が明確には見えなかったものの、これらが一つにまとめられた意味はある。この図に意味付けを行うこととそれぞれの関連を明確にすること、福祉の制度やサービスも関連づけていくことによって、内閣府で議論してきた子どもたちの支援の拠点となる学校プラットフォームに近いものになりうる可能性があると考える。縦割り行政であるがゆえに、なかなか現実には関連が見えづらいが、すべての学校や地域が取り組むのが難しい斬新なものを作るというよりは、今あるサービスや流れを丁寧に可視化し、それぞれが機能するような仕

図6-1　学校のプラットフォーム化

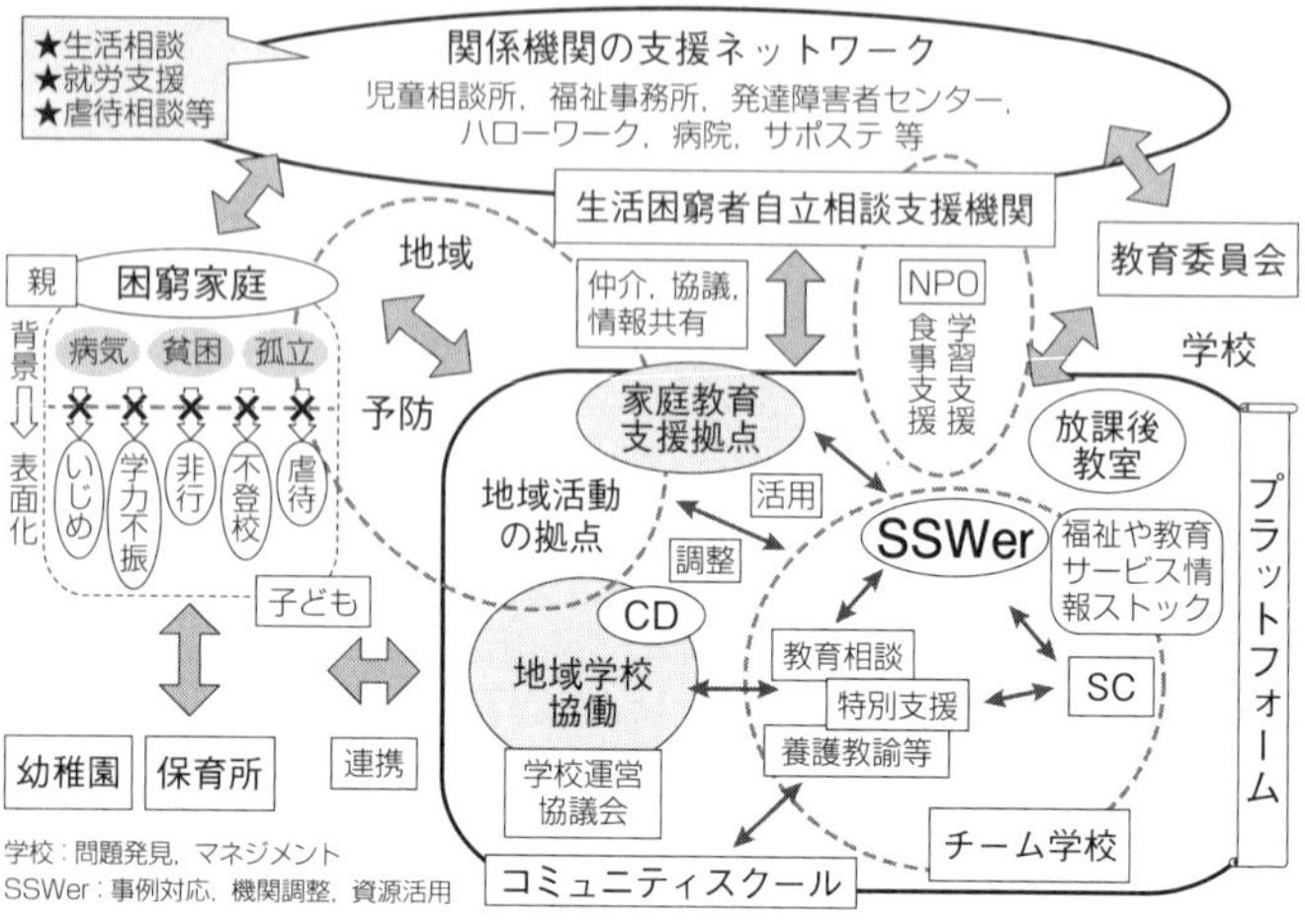

（出所）　山野（2016）

掛けを作り込むことで学校プラットフォームに近づくのではないだろうか。つまり、今ある制度に子どもの最善の利益という視点で魂を入れ込むような作業が必要である。

そのためには、第3章で述べたように、「子どもの最善の利益」を中心に据えておかなければ、軸がぶれてしまう。協働を機能的に進めるためにも理念の共有は必須な事項であろう。これは第5節で価値の共存として述べたい。

まず筆者の提案する学校プラットフォームを説明する（図六-一）。第2章に示してきたように、教育委員会のなかには、学校教育、家庭教育、社会教育という担当があるが、残念ながら個々ばらばらで教師にも担い手にも全体像が見えているわけではない。つまり学校を拠点にして、今あるさまざまなサービスや資源が子ども家庭にも教師にもさらに地域にも見えるようにすることが重要である。

業務上の従事率五〇％以上の項目のうち、「保護者や地域の要望・苦情等への対応」が負担感の上位三位に入るという教師（文部科学省 二〇一七b）にとって、「地域担当」となることは重い負担感を生み、それが子ども支援に有効に使えるという認識にはならないことが予想される。同じ学校の場において、生徒指導担当と地域担当が別々の業務という認識であり、それぞれがさまざまに活動を実施しているが、発想として両者がつながらない。学校プラットフォームという枠組みのなかで、これら地域協働や家庭教育支援、そして学校運営に関わる学校運営協議会担当者の位置づけと意味づけを再度行うことで、子どもの最善の利益を考慮するという視点で、生徒指導担当者にとっても、それぞれが活用できる資源となりうる。地域と教師の協働は、個人情報の共有を双方向にするという意味ではなく、資源を活用し合える、教師の実践に生かせるという意味で双方向にできる可能性がある。地域の人々にとっても、問題が見つかったときに個人的に抱えるのではなく、気になることがあれば「伝える」先が明確になり、機能していく可能性がある。

この「伝える」先についての明確な位置づけや意味づけが学校内でも進むことによって、第1章に述べたような事件を未然に防げるようになるかもしれない。この体制作りが重要であり、筆者が仕組みづくりの必要性を主張してきた点である。学校プラットフォームのマネジメント体制は、第5章で紹介した市町村の児童福祉部門に児童虐待防止ネットワークとして、要保護児童対策協議会が位置づけられたものと、枠組みとしては同じで、内容的には図五−一や表五−一が示すように予防的・健全育成的な領域である。要保護児童対策地域協議会の市町村調整機関にあたるところを学校におけるチーム（図六−一の「チーム学校」の部分：詳細は本章2節で記述）と仮に置き換えて考えると、先行例と位置づけて考えやすい。調整機関に対して、それぞれ関係する機関を、さまざまな地域機関（家庭教育支援や地域学校協働を実施している団体、子ども食堂や学習支援を実施している団体など）と考えてみる。要保護児童対策地域協議会における調査から、調整機関とそれぞれ関係する機関間が、「一方向」だと閉殻の連鎖（それぞれが負担感や不満をもち連携が形骸化し実際は各組織が閉じていくことが広がっていく）を生む可能性があり、「双方向」だと内発の連鎖（それぞれが内発的につながっていくことが広がっていく）を生むことはすでに実証されており（山野 二〇〇九）、機能的なチームのあり様を考えるときに、「双方向」をどう位置づけるかを考慮することは組織づくりのポイントとして有益であろう。「双方向」は、繰り返しになるが、守秘義務のないものに個人情報の開示をする意味を指すのではなく、守秘義務のないものが個人情報を抱えるリスクを共有したり、地域や教師に「伝える」役割があることを明確化したり、「伝える」ところを明確に位置づけたりすることが必要で、その機能を明確に作らないまま事業を並べるだけでは各機関や事業はつながらない。そして、この「伝える」先＝チーム学校を明確化することが大きな意味をもつ。各学校にあり様を任せるだけでは、せっかくの国の示した方向性も形骸化する可能性が高く、その点には警鐘を鳴らしたい。

例えば、こうして組織ができると、校内の学年会議、いじめ不登校委員会、生徒指導委員会、担任など教員からチーム学校（↓第2章）にきちんと情報があがる流れと、コミュニティ・スクールの学校運営協議会で議論されるさまざまな課題のうち、個別案件である、あるいは個別になるであろう案件を、チーム学校に伝え、チーム学校が個別案件として対応を決定していく流れができる。そして、チーム学校、学校運営協議会、地域学校協働、家庭教育支援がそれぞれつながっていると、その対応の一つとして地域学校協働や家庭教育支援を活用して、サービスにつなぐことが行いやすい。これらのマネジメント機能を学校のマクロ的な課題については学校運営協議会、ミクロ的な課題についてはチーム学校が受け持つと明確化していくと、なおわかりやすいであろう。チーム学校には資源活用の専門家であるスクールソーシャルワーカー（以下、ＳＳＷｅｒ）が入っていることによって、教育委員会や学校に関連しているボランタリーな（任意の自発的な）資源だけでなく、地域の子ども食堂や学習支援、福祉機関や地域機関、制度とつながっていく。これによって不登校や非行などの未然防止や早期解決につなげることができよう（図六–二）。

図六–一、六–二の事業をもう少し説明すると、家庭教育支援における訪問型支援を採用すると、全戸訪問を就学後の小学生や中学生にまで引き続き行うことも可能である。この支援を、学校を拠点に行う、あるいは学校とつながりながら実施することで、学校では見えない家庭の孤立や貧困など気になる事例が子どもの問題行動の兆候の段階で把握できたり、学校において気になっているが具体的な

図6-2　学校からつながる仕組み

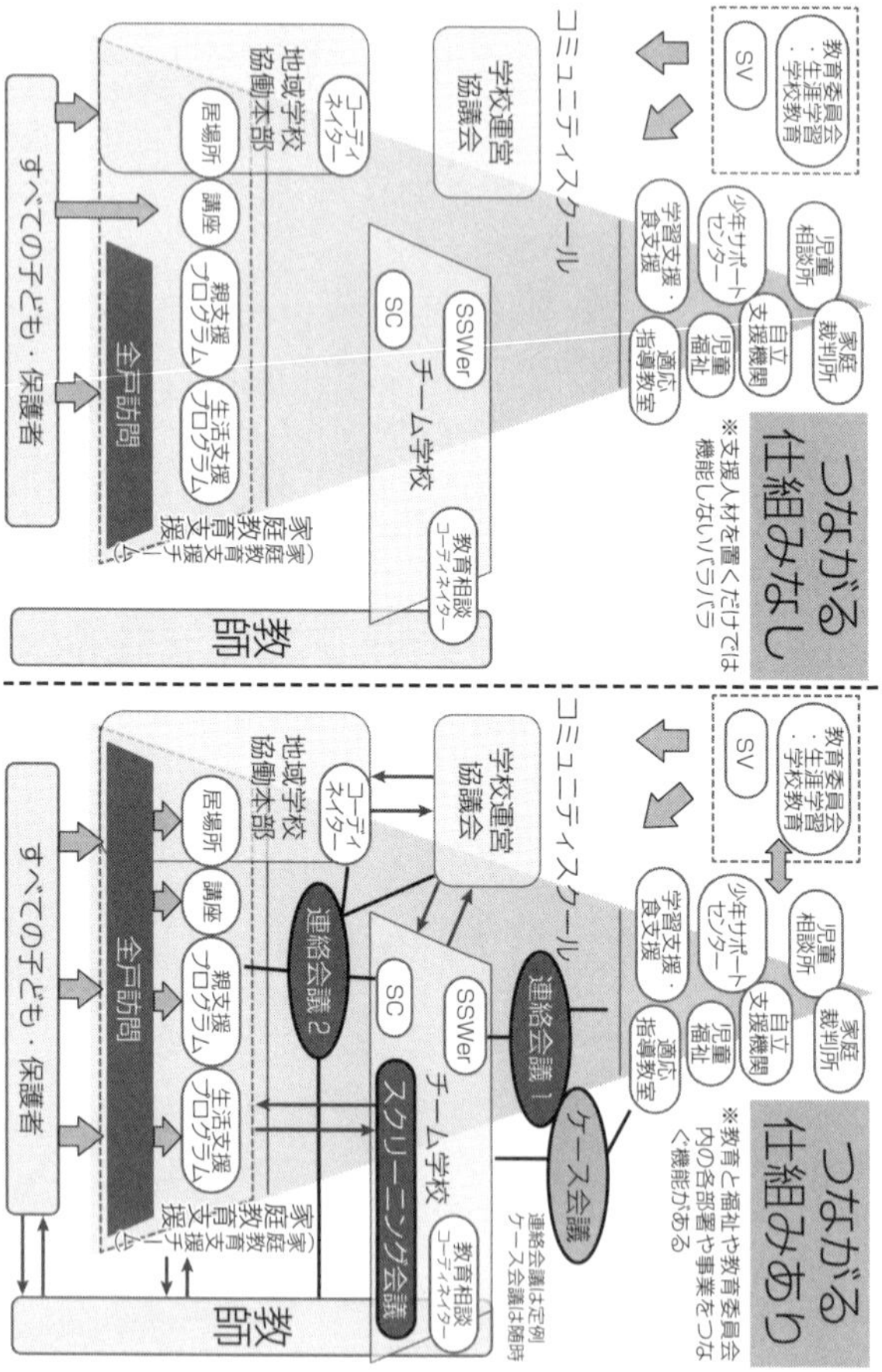

（注）背景の▲はすべての子供から上に行くほどリスクの高い層を表す（p. 109の図3-1，p. 171の図5-1と同様）
（出所）文部科学省（2017a）：筆者作成

支援につながりにくい事例が自然な形で把握できたりするという双方向に機能する可能性がある。また コミュニティ・スクールで決定したプランに合わせて子どもと直接接する地域学校協働の本部としての活動が活かされる。例えば学校運営協議会として、各クラスに二人ずつ地域人材のボランティアが入るという方針を決めていた学校が、チーム学校組織とつながると、持ち物や身だしなみなどの点で気になる子どもに多く気づいていながら何もできなかった地域人材が、気になることをきちんと伝える場ができることになる。そこから未然防止的に個別支援を導入する方向にも動ける。また、学習支援や地域拠点活動など今ある校内事業があれば、何か気になることがあったときにチーム学校に伝える、チーム学校がこれらの事業を子どもたちに紹介する、といった双方向に機能できるのである。

これらの事業が、現状は単独で行われており、相互に連携し合ったり、正式に確認する場をもっていたりすることは少ない。ばらばらに存在するのではなく、相互に見えるように、全体の動きや支援がわかるように存在させ、学校という場で教師やほかの人材がお互いに有効活用できるようになること、これが学校プラットフォームであり、その全体像を可視化し、機能するための仕組みづくりが重要である。

2　チーム学校を中核にした仕組み

チーム学校

事業やサービスを単に並べているだけでは当然相互のつながりは生まれないことを示したが、その事業やサービスをマネジメントすることがチーム学校の機能ではないだろうか。そのことを検討するためにも、次にチーム学校について触れる。

チーム学校の概念はさまざまに受け止められており（加治佐 二〇一六、馬場 二〇一六）、議論が空中分解しやすいため、チーム学校を単体で理解すべきではないであろう。何のためのチーム学校なのか、子どもの最善の利益のためなのか、学校づくりのためなのか、教師の負担軽減のためなのか、議論が揺れている。

文部科学省の「『チームとしての学校』の在り方」のサイトには以下のように記載されている。「複雑化・多様化した課題を解決していくためには、学校の組織としての在り方や、学校の組織文化に基づく業務の在り方などを見直し、『チームとしての学校』を作り上げていくことが大切」とされ、「現在、配置されている教員に加えて、多様な専門性を持つ職員の配置を進めるとともに、教員と多様な専門性を持つ職員が一つのチームとして、それぞれの専門性を生かして、連携、協働することができるよう、管理職のリーダーシップや校務の在り方、教職員の働き方の見直しを行うことが必要」、また「『チームとしての学校』が成果を上げるためには、必要な教職員の配置と、学校や教職員のマネジメント、組織文化等の改革に一体的に取り組まなければならない」としている。ここまでは、あくまでも第一義的な複雑化・多様化した課題を解決していくためと読めるが、引き続き、「チームとしての学校」像としては、「カリキュラム、日々の教育活動、学校の資源が一体的にマネジメントされ、教職員や学校内の多様な人材が、それぞれの専門性を生かして能力を発揮し、子供たちに必要な資質・能力を確実に身に付けさせることができる学校」と書かれている（文部科学省 二〇一五）。ここが単に学校に専門職をおいて機能させるだけでは難しく、教育的意義が必要な場であることが改めてうかがえる。

子どもの最善の利益の視点から課題解決へと向かう社会福祉の価値と、子ども一人ひとりの能力発展や育成という教育の価値との融合が必要であることがこの文面からも読み取れる。この融合に、実際進めていくうえでさまざまな戸惑いや葛藤が生じているのが現状である。

また法定化や努力義務化まで至っていないため、有効性の実感がなければ、たちまち実施がなされなくなる。ＳＳＷｅｒの立場では、月二回や週一回四時間などという勤務形態では、本来の多機関・多資源を活用したミクロ・ソーシャルワーク、学校にもアプローチするメゾ・ソーシャルワーク、社会開発でもあるマクロ・ソーシャルワークを実践するのは難しい。多くのＳＳＷｅｒが現在そうせざるをえなくなっているが、教師へのコンサルテーションに終始してしまう。現実性の原理（岡村 一九八三）をもつ社会福祉援助の特徴を生かせず、心理学的助言を行うカウンセラーとの違いが見えにくくなっているのが現状でもある。社会資源となる福祉の専門機関や地域機関、学校における地域人材などとつながることができる仕組みとセットでないと、先述したような勤務時間数では自身で社会資源を開発することも厳しく、チーム学校の福祉職は真に機能しないであろう。とにかく存在すればいいという話ではない。行政として機能するような準備が必要である。また、このチームには校内のさまざまな役割のある教員、特別支援教員や養護教諭、生徒指導担当、教育相談担当などが入って役割分担を行うことが必要であろう。

つまり、ＳＳＷｅｒは、二〇一七年度から学校教育法施行規則に規定された、学校職員としての専門職であるが、その責任をもって専門性の高い業務を行うには、その配置や位置づけを再検討する必要があろう。また学校がプラットフォーム化されると、身近に支援が展開でき、本来福祉がターゲットとするべきでありながら自分では必要性を感じていない事例や拒否的な事例など、支援につながりにくい子どもや家庭にとって負担なく気楽に活用できるだけでなく、学校において社会福祉実践が可視化され、教職員に理解されやすくなり、機能しやすくもなるであろう。チーム学校と学校プラットフォームが連関していくことで、互いの仕組みが機能していく可能性がある。さらにいうと学校プラットフォームはチーム学校を包括していくものと考える。

これらを示したものが、前節に掲載した図六-二である。二〇一六年一二月教育再生会議に提示し、チーム学校の具体的な内容をまとめた「児童生徒の教育相談の充実について——学校の教育力を高める組織的な教育相談体制づくり（報告）」（文部科学省 二〇一七a）に掲載された。前節で示したように、さまざまな情報を「伝える」先になるのが「チーム学校」である。

つながる仕組み

ここでは、「チーム学校」というときのチームを、便宜上、第一義的機能として複雑化・多様化した課題を解決していくためのものと考え、学校のなかで教育相談コーディネーターや生徒指導、特別支援、養護教諭、その時々に担任や管理職など教師で役割のあるメンバーと心理や福祉の専門家で構成するチームととらえることとする。「児童生徒の教育相談の充実について（報告）」において記載されたように、問題発生の予防として、スクリーニング会議を学校で行うとすれば、これらのチームメンバーで行うのがわかりやすい。学校では、出席、遅刻、諸費用の支払い、忘れ物、検診の結果未提出などの項目を担任や保健室、学校事務それぞれでは確実に把握しているが、横串を刺すように一括されていない。各自、同じ子どもや家庭をみていてもみている世界が違うといった状況である。各項目について、リストアップする頻度を決め、チェックを一括することで意外な発見や少し気をつけておくべきことが見えてくる。

マスコミを騒がせた少年事件やいじめ事件などを例に見ても、家庭状況、地域状況の情報はそれぞれあったものの、全体化されていなかったために、例えば、経済的課題や非行集団に巻き込まれているなどの背景が見えておらず、不登校の部分しか把握できていないということが読みとれた。兆候も含め全体像が見えないことで問題の進行を止めることができなかった事件例は複数ある。全体化できていればと悔やまれる。このちょっとした遅刻回数など課題の兆候となる項目を決めてしまえば、一人の担任が気づくか否かではなく、必然的にピックアップされる。多忙な教師が一つひとつ意識化する負担はない。多数の悔やまれる事件も、決して教師の側に何か不足していた、もっと何かすべきだった、ということではなく、校内で全体化する場、つまり一教師から見ると「伝える」場が明確にあるか否か、管理職と担任判断だけでなく複数メンバーで検討する場、ゆるやかに方向性を決める場があるか否かが重要であることを主張したい。このチーム組織が形成しにくいとすれば、そもそもの学校の鍋蓋組織という形態から見直す必要があるのではないかと認識せざるをえない。スクリーニングでチェックするとは、この「伝える」ことにあたる。個人の判断で抜け落ちることはなく、機械的に事実としてリストアップされる。これらは、今後起きるかもしれないリスクを防ぐという、あくまでも子どもの最善の利益のためであって、子ども自身についての評価ではない。マイナスのチェックになると抵抗もあるだろう。しかし、教師という守秘義務があり人権教育を担う専門職が、子どもの人権保障のために行う情報伝達や情報共有が子どものレッテル貼りとしかならないとすれば、そもそも問題ではないか。情報を扱うもの全般の課題である。情報はもっているだけでは意味がない。適切な時に目的に応じて使うためにある。しかも、不特定多数に伝えるわけではなく、守秘義務のある教師同士、かかわる専門職を含む限定された範囲での共有である。守秘の意味や情報の取り扱いの正確な理解が必要であろう。

このスクリーニングシート（遅刻や忘れ物、検診の未受診、諸費滞納など）の活用を実際に手掛けている学校の学年団やチーム学校のメンバーは、「互いに見えない視点が見えた」、「この場がなければ言うことはなかったような軽い気になる点が言えた」、「チェックが少ないところこそ共有して考える必要がある」「次の動きがみえた」と共有の場の意義を述べている。教師間でも他専門職を入れても、それぞれの基準や見方、価値のすり合わせが必要である。実際の客観的データとなるシートに基づいて、子どもの最善の利益のために具体的エピソードなども出しながら話し合うため、教師歴の差がものを言いにくくすることもない。まさに教師の同僚性を生かせる場面になっている。

第3章で述べた保健所での乳幼児健診のあとのスクリーニングが、①児童相談所や発達障害支援センター、専門病院に紹介、②子育て教室や子育てサークル紹介、③保健師フォローというように、おおむね三段階に振り分けるのと同様に、この学校でのスクリーニングからは、①専門家への相談（連携ケース会議にあげる）、②地域資源を活用する、③教職員による見守り、くらいに振り分ける。つまり、ここでは深くアセスメントしたり、ケース会議をしたりするわけではなく、実際に実行したとこ

図 6-3　スクリーニング会議など方針決定会議と SC・SSWer の活用ラインを明確化

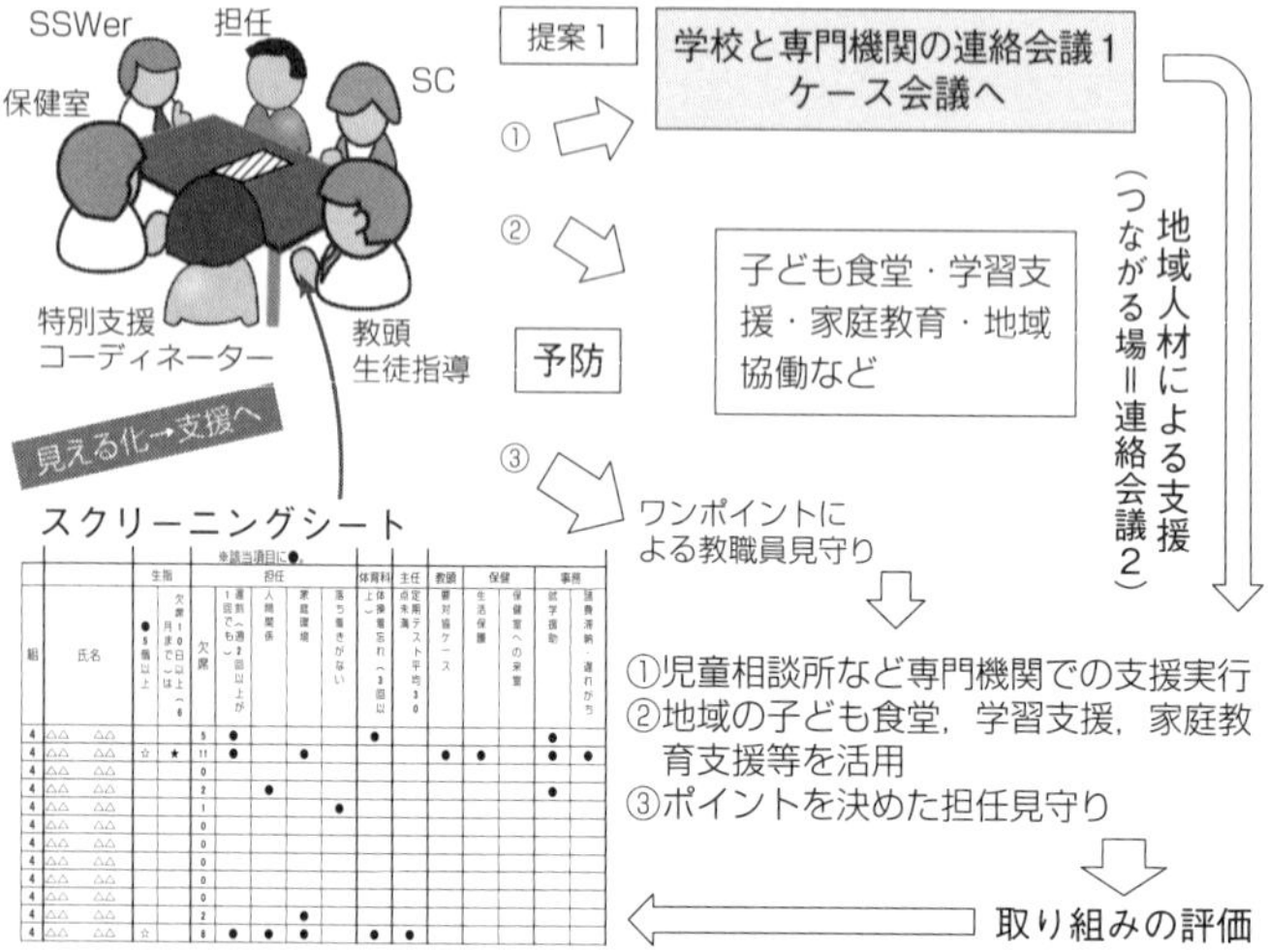

（出所）　筆者作成

ろによると、三〇分で全学年終わるくらいの作業である。振り分けられた①②③の場面で、必要があれば、ケース会議を行うことになるが、まずは振り分けることに意味がある。こうすることで、毎日子どもに声をかけるなども含め何らかの関わりや対応の意図的なワンポイントが確認され、子どもの危機が発覚しやすく、また予防的に問題が大きくなる前に落ち着くことも多い（図六―三）。

図六―三（図六―二にも掲載）の専門家との連絡会議1は、ケース会議とは別にSSWerとコミュニティソーシャルワーカー（CSW）や生活保護ケースワーカーと連絡会議を行っている地域もある。そうすることで、それぞれの機関に送致しやすく、連

携しやすくなる。同じく図六―二の連絡会議2のほうは、例えば全戸訪問している家庭教育支援員や地域協働本部、子ども食堂を行っている校区福祉委員会や自治会など地域人材と定期的に顔を合わせて話すことで、学校側が安心して紹介しやすくなったり、気になる事例が聞き取れたりする。この連絡窓口になっているＳＳＷｅｒや地域担当教諭がその内容をスクリーニング会議に持ち込むことになる。この窓口担当者がスクリーニングシートに地域から得る情報を載せる欄を作成した学校もある。地域人材も「伝える」先が明確にできることで安心でき、個人情報ではない範囲においてどの機関がどう動いているのかがわかると、地域人材自身が抱え込みすぎることも、行政や学校に対して情報を出さないという不満をもつこともなくなる。また地域人材同士のネットワークがあれば、互いに補完でき、一つの機関や個人で抱え込まなくなる。これら図六―二の連絡会議1、2はどちらも定例の会議があれば、さらにいうと会議体の規定や要項があれば、校長や担当者が変わっても必ず存続する。会議体ではなくても存続するのであれば、打ち合わせレベルでも、何か形としてあれば構わないであろう。校務分掌に位置づけるなど、教師のほうも体制を明確にしていくことが重要であろう。

これが、全数を把握することから、必要な子どもが見え、支援につなぎ、地域側からも支援が必要な子どもは抱えないで確実にチーム学校に話が届くようにするという一連の仕組みである。そして、紹介先である図六―二の②の地域資源が学校内に存在すれば、教師はより資源を使用しやすくなる。これが学校プラットフォームである。この循環、往復、相互作用が重要である。こういった相互作用の場があるか否かによって、実践自体やその効果、教師の負担感も違ってくるであろう。

例えば、福祉機関やＮＰＯによる学習支援や子ども食堂があったとしても、その場所が学校外にあれば、誰かが連れていくか、自宅に帰った子どもを後押しする必要がある。しかし実際そういった支援が必要な家族は、親は仕事に追われ不在だったりして、子どもをそういう場所に送り出せない。家庭には連れていく人材がいないし、教師がそれを担うのは役割ではない。そうなったときに、行政が策定した貧困対策であっても必要な家庭はなかなか連れて行けず、そのうち勉強が面白くなくなり、朝の送り出しがなされないなどから、不登校や非行問題に発展していくかもしれない。これが学校の場において支援が展開されれば、教師は簡単に居場所を紹介したり、一緒に連れていったりすることが可能になる。次節のイギリスの例のみならず、実際に学校という場所で支援を実施しているところを第４節にて詳細に紹介する。

3　イギリスの例

学校プラットフォームに近い海外の事例として、イギリスの「拡大学校」（エクステンディッド・スクール）がある。二〇〇五年ブレア政権下の貧困対策、貧困の撲滅を進める大きな流れのなかで制度化されたものである。成り立ちの経緯も意味も違うが、学校プラットフォームをイメージしやすいのではないかと考え、紹介することにした。

当初はエクステンディッド・スクールと言われていたが、現在は政権が交代し、エクステンディッド・サービスと呼ばれている。学校の中で朝食クラブや母親の就労支援や学童保育、文化的活動なども含め多様なサービスが展開されている。子どもたちがその場を動かずにケアを受けることができ、母親たちも子どものそばで支援を受けることができる安心感がある。イギリスは、各地域のどこのエリアが最貧地であるか、貧困度合いで色分けした地図を各機関がもっていて、支援の目標とターゲットが明確で、そのために皆が動いているという仕組みである。貧困地域に住む就学前の子ども（イギリスでは義務教育開始が五歳なので、四歳以下の乳幼児）とその親を対象とした、イギリスの早期介入施策の総称であるシュアスタート政策により、学校に保育園が併設され、親支援も行われている。そこでは自由に親たちの出入りがあり、学校＝教師とはなっていないため、校舎に楽しくなる飾りつけがなされ、誰もが入りやすい雰囲気をかもし出している。そして実際たくさんの人たちが出入りしている。職員の半数の人が教師ではないという実態と関連する。まさに内閣府の子どもの貧困対策検討会で議論された学校プラットフォームに近いものである。同じような支援がチャイルドケアセンターでもなされていて、学校と一体的に実施する地域もある（山野 二〇一七）。

また、必ず教員とともに専門の資格をもつティーチングアシスタント（ＴＡ）がクラスに入り、メンターなど多層的な支援人材が学校に常時入っていることで、子どもたちの自己効力感の向上、学力

図 6-4　イギリスの拡大学校の例

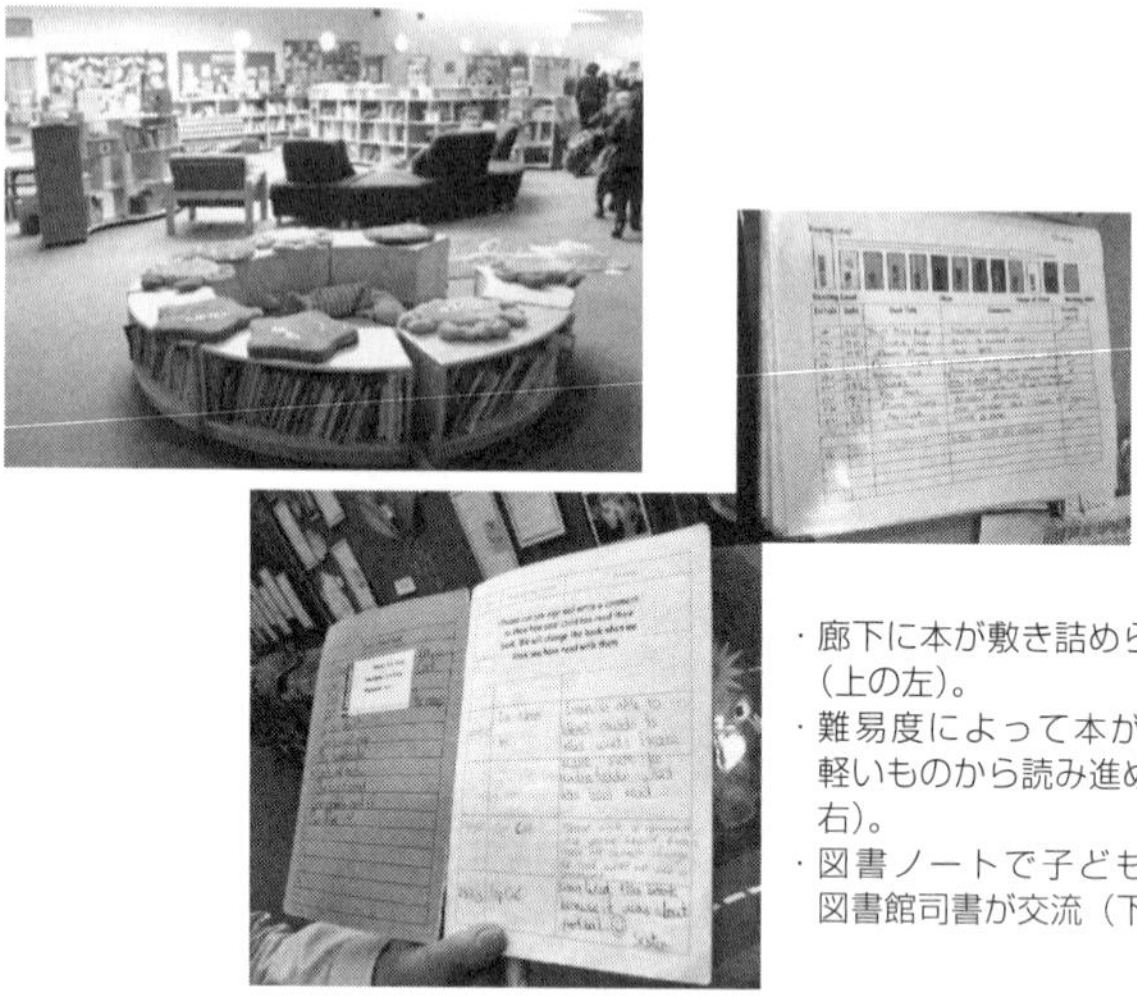

・廊下に本が敷き詰められている（上の左）。
・難易度によって本が区別され，軽いものから読み進める（上の右）。
・図書ノートで子ども，保護者，図書館司書が交流（下）。

の向上、健康への理解の向上に貢献している（植田 二〇〇八）。一例であるが、筆者が訪れた学校の様子を紹介する。この学校は教室から一歩出ると廊下のオープンスペースが図書室で、本の種類と置き場所は、難易度別にカラーで分けられわかりやすくなっていて、少しでも次のランクの本を読みたい気持ちになるような工夫がなされている。図書ノートには子ども、保護者、図書館司書のサインとコメントを記入するというように親を自然に巻き込むような支援策も講じられている。本を読む環境にない子どもたちにとって、こういった環境が用意され、学校において丁寧な支援があることで読み続ける力がつき、貧困対策になっている。現在、政権交代による変化はあるが、予算が学校におろされ貧困世帯の多い学校や地域に多くの支援が投入されている（図六-四）。

植田（二〇〇八）によると、その仕組みは、当時の拡大学校（名称がエクステンディッド・サービスに変更されたのみで基本はほぼ変わらない）に関する計画を緻密に立案すると同時に、地域内の子ども・若者計画などの地域計画の一部に位置づけておくこと、地方当局が中心的な役割を果たすことが重要とされている。この地方当局は、地域におけるシュアスタート児童センタープログラムの管理、そして目標数のセンター設置を実現させることに対する全体的な責任を負い、地方当局がプログラムを直接管理するか、または初期医療トラストなど他の公的機関や、民間、ボランティア・独立セクター（PVI）供給者と契約してこれを行う。いずれも、教育省に対して、配布された資金の使用および費用対効果を確保したかについての法的な説明責任を負っている。

教育省から予算を得て事業評価を行う、内閣府に登録されている研究者も入った第三者機関、What Work Center（WWC）が、成果をエビデンスとして外からも見えるようにし、コスト評価、アウトカム評価をアップしている。これらの評価を見ながら、各学校が工夫しているところや直接指導などもなされ、具体的な変革のヒントも提示されていて使用しやすいものとなっている。

拡大学校サービス業務遂行においては学校理事会が、コミュニティのニーズを満たすのに最適なアプローチを決定し、多機関の職員の調整が行われる。校長だけでなく、学校の管理職および学校理事会が拡大学校サービス・コーディネーターや連合マネジャーと活動を共にしながら進める（植田 二〇〇八）。現在、急増しているとはいえ、コミュニティ・スクールが三六〇〇校（二〇一七年四月現在）と、全学校の約一〇％しかなく、かつ国主導のメニュー提示もないため、実施内容は各学校によっており、地域でできる範囲となっていて福祉制度とのコミットはほぼ存在しない日本とは、大きく仕組みが異なるところである。

福祉部門との関係は、拡大学校は多様な活動を幅広く提供するために、専門機関やボランティア組織などとの連携のもと活動することが奨励されており、特にチャイルドセンターとの連携が重要であると指摘されている（植田 二〇〇八）。地方当局は、シュアスタート児童センターおよび拡大学校への総合的な作業プロセスを導入しており、すべてのサービス実行者にとって、子どもの強みとニーズを総合的に評価する一助となる共通評価枠組みが含まれていて、地方当局は、学校が共通評価枠組みを利用してサポートが必要な子どもや青少年を特定することを支援するよう、求められている（植田 二〇〇八）。これはチーム学校の議論において提案したスクリーニングリストで支援の必要な子どもがピックアップされることの重要性の後押しにもなるであろう。

4　日本の例

筆者が、イギリスに視察に出向き、そこで見聞きしたことをもとに学校プラットフォームの視点で

図6-5 学校プラットフォームに関連する取り組み

〈共有の場〉　※（ ）内の；の後ろは主に担っているところ

1）自治体版

⓪都道府県（子ども政策）×市町村（子ども政策，福祉，教育委員会）

①教育×福祉（児童・生活保護）×地域（家庭教育）×保健（≒連絡会議1；行政）

②政策（子ども・教育）×福祉（児童・生活保護）×医療×企業×地域（≒連絡会議2；地域）

③地域（全戸訪問の家庭教育／地域人材）×担当（学校教育／子ども政策課）（≒連絡会議2；地域）

2）学校版

④学校のなかの子ども食堂＝地域×学校×SSWer×福祉×企業×医師（≒連絡会議2；地域）

⑤コミュニティ・スクール×学校（≒連絡会議2；地域）

⑥学習支援や居場所×SSWer（≒連絡会議2；地域）

⑦地域×学校（≒連絡会議2；地域）

※連絡会議1は専門機関と学校，連絡会議2は地域人材と学校の会で必ずしも会議体でなくても集まる場，共有する場の意味（図6-2，6-3）

紹介し始めて二年になる（山野 二〇一六、二〇一七）。イギリスのエクステンディッド・サービスの機能に着目して、すべての子どもの最善の利益のための学校プラットフォームとして提案してきた。

しかし、紹介するたびに、日本に同様の例があるのか、あくまでも他国の話であって、日本でのグッドプラクティスを作ってからだと言われてきた。そもそもイギリスでの成り立ちを見ても、一つの学校で取り組むレベルの話ではないこと、一つの学校で取り組んだとしてもその学校の特徴で終わることなどから、全体化することは非常に難しい。しかし、それでも政府や自治体が動くには時間がかかるため、その対応とすれば、提案と同時にイメージできる実践を作り、そのエビデンスの作成に取り組むしかない。この「エビデンス→案の提案→実践→政策→エビデンス→案の修正→実践→政策提案……」と循環するサイクルは大変重要な鍵であり、本書での主張のポイントでもある。そのことは後で触れるとして、ここではまず実践例の内容紹介を行う。

以下では、大きく二種類に分けて筆者の主旨でいう学校プラットフォームに関連する取り組みを紹介する。ただし、筆者から見ての分類であって、当該関係者はそう位置づけているわけでもないことも含めて記載する（図六–五）。

1)　自治体版

自治体版とは、各学校や地域での動きを生んだり維持したりできるように、自治体で一つ（大きな自治体ならブロックに一つ）、総体としてネットワークを作成しようとするものである。このネットワークの意味は、個々の学校区レベルで動き出すには、他の校区の取り組み例や苦労する点、乗り越える方法の先行例を知ることができるような場をもつこと、教育のみならず福祉や地域などさまざまなアクターの参画があること、それら全体の位置づけが見えることなどが必要である点にある。こういう場がないと、現場任せで、現場は何をどう段取りしていいかわからないため、新たな動きは生じないし、熱心な人材がいなくなると継続しない。前節で紹介したイギリスの例でも、地方当局が計画を緻密に立案し、地域内の子ども・若者計画などの地域計画の一部に位置づけて、中心的な役割を果たすることが重要（植田 二〇〇八）とされている。またエビデンスとして、教育省から予算を得ている研究者を含む第三者機関（WWC）がデータ提示を行い、実践がしっかりできているかどうかは外から見えることになる。熱心な学校はそこを見て、コストも照らしながら改善のための工夫を繰り返している。自治体を支えるためには、国として、こういったエビデンスによる支援も今後必要であろう。

二〇一四年以降、筆者がかかわってきたところを中心に、自治体の作成途上の仕組みを例に挙げ以下に整理する。今まで場をともにしていなかった機関同士、さまざまなアクターによるネットワークが、ともに検討する場を作り始めた。中心者と目線の比重からみると、①は行政が中心者で比重も行政的であり、②はNPO、社会福祉協議会が中心者で地域に中心や目線がある例、③は行政・教育委員会が中心者で目線や比重は地域にある例である。

これらに何が起きているかというと、いずれも教育や福祉、地域の共存であり、対等な議論によって、それぞれの文化や価値のすり合わせが行われ、新しい価値が生まれるプロセスの共有の場を提供している。

⓪都道府県（子ども政策）×市町村（子ども政策、福祉、教育委員会）

初めに、そもそも個別の自治体が動き出せるような支援を広域自治体が考えるべきである。例として、大阪府で子どもの貧困対策を所管する子ども室が、府内自治体を集めて、二〇一六年度に子ども

図6-6　大阪府主催子どもの貧困対策取り組み研究会　於：大阪府立大学

の生活実態調査を共同実施し（大阪府立大学 二〇一七）、それを受けてモデル地域を焦点化し施策を進めながら、その他地域への展開のために府内各自治体（政令市、中核市含む）と検討会を開催している。アドバイザーに有識者（筆者が担当）を置き、組織している。各自治体が調査をするにも施策検討するにも共同で話し合い、悩みを共有し、障壁を超えるべく検討する仕組みを作った（図六-六）。これは他都道府県にもモデルになるだろう。

①教育×福祉（児童・生活保護）×地域（家庭教育）×保健（＝連絡会議１：行政主体）

Ａ市（人口約六万人）の例である。二〇一七年度より、行政が教育福祉連携推進室を立ち上げ、そこが主体となって、保健福祉と教育委員会の学校教育部門、そして家庭教育部門とその地域人材が活躍する家庭教育支援チームがメンバーとなっている。定例で検討会を年に四回ほどもち、児童福祉や教育委員会だけでなく、生活保護課や保健課など行政の子どもに関わる各スタッフと家庭教育支援の担当課や担い手である地域人材がともに会議に臨んでいる。当初は、会議場面でも葛藤があらわになることもあったが、徐々に硬直が解け、機能する仕組みづくりの検討に意見交換が可能となっている。その展開にはもちろん担当者の熱い思いの存在を否定できないが、ワーキンググループを作って各所において内容をしっかり議論する場を形成していることが大きい。

それを全体の場で報告することで、個別事例の話をするのではなく、どこがどんなミッションで何を担っているのかが理解されていき、自身が何を担えばいいか、相手に何を任せていけばいいか理解が進んでいく。何より、自身は何を大事にしているのか、各機関が自身の価値やミッションに向き合っていく。これは自己組織化（今田　二〇一六）であり、新たな価値の創出である。これらの議論を経て、二〇一八年三月に出した、市の第二次長期総合計画に「学校プラットフォーム化をめざす」ことを記載している。

同様のスタイルをとっているのがB町（人口約一万人）である。子どもの貧困対策における実態調査を実施後、全体のプランを策定している。年に三回ほどの全体会は、児童福祉、教育委員会の学校教育部門、そして家庭教育部門とその地域人材が活躍する家庭教育支援チーム、子ども若者支援に関わる生涯学習部門、保健部門がメンバーの定例検討会である。さらに、規模の小さい自治体でもあるため、教育委員会と福祉、保健と福祉、生涯学習と学校教育など、各領域の連携を機能させるために検討会を行い、ともに学校へ出向き議論も重ねている。特にこの自治体の強みは学校教育との連携である。家庭教育支援チームを学校教育がうまく活用できている。大小合わせた複数回の会議を行うことで、認識の共有、具体的連携がしやすくなり明らかに活性化している。

図6-7　「C市子ども食堂円卓会議」

同じ行政内の協働のポイントと地域人材との協働のポイントが両自治体の事例から見える。同じ行政組織内の協働のポイントは、相手機関の弱みを知ることであり、視点が違うことを知ることである（山野 二〇〇二）。もちろんこれは地域人材との協働にも共通するが、地域人材との協働のポイントは、地域人材の抱え込みがなくなることと行政への不満解消になることである（山野 二〇〇九）。ボランタリーなメンバーは、他の組織とつながっていくことで自分がすべてを抱え込まなくてもいいこと、個人情報でなく制度として知ることで責任の所在がわかること、これらによって安心して自身の取り組みに向かうことができる。

同じような取り組みをしていても、地域人材は子どもの笑顔を見ること、医療機関は健康につながること、教育機関は成長につながること、福祉機関は家族の生活の安定を見ていることなど、目的や切り込む角度が違う。これらが協働を通じて徐々に明確になっている。

②政策（子ども・教育）×福祉（児童・生活保護）×医療×企業×地域（＝連絡会議2：地域主体）

二〇一六年度から始めたC市（人口約八〇万人）の子ども食堂円卓会議の例を紹介する（図六－七）。

一年目はＮＰＯに委託し、ＮＰＯが行政や大学とも相談しながら中心になって進めていたが、子ども食堂のモデル実施と並行して、多様なアクターに呼び掛けて議論する場を作り上げ、「子ども食堂円卓会議」を成立させてきた。参加者は、子ども食堂を立ち上げた地域や団体を中心にしながら、子ども食堂に関心をもつ団体、自治会、子育て支援者、校区福祉委員、生活協同組合、病院（小児科医、事務）、社会福祉協議会、行政（主管する子ども政策、生活保護、児童福祉、教育委員会等）、ＳＳＷｅｒ、ＮＰＯ、企業（地元企業や有名企業）、そして研究者という多様なメンバーで、年間四回ほど開催した。毎回、行政や研究者、子ども食堂を立ち上げた団体の話など、ミニ話題提供とグループリークによって各自が考えるワークショップ形式で進められた。この会議の新しさは、参加者には行政の役職者もいれば住民やＮＰＯもいて、席を同じくして検討していることである。ワークショップ方式は、地域福祉のみならず行政の研修などでもよく使用されるようになってきているが、参加者がここまで役職も領域もすべてばらばらであることは珍しい。行政の会議とはまったく違って、上下関係なく、自由に思ったことを議論し合える場に徐々になっていった。また短い時間に切れ味よく、幅広い話題を知れること、意見を言えること、毎回違うグループで他者の意見や取り組みを聞けることが最大の魅力となっている。情報交換のみならず、得意なことを交換しあい、ニーズに合わせて、つながりと協働が起きやすくなっている。

補足すると、ＮＰＯで行った進行は、柔軟で手探り的であり、パフォーマンス的でも専門的でもなく、初めて参加する人に馴染める、当事者性の高いものであったことも大きい。肩書も役所も民間もなく、テーブルを同じくして、同じテーマで考える、付箋に書いて課題を洗い出す、報告する、聞く、という作業を続けて行う。参加者が同じ量だけ話すことが保障され、話すことも聞くこともできる体験から、自身のミッションや価値、その文化も自身にも他者にも明確になっていく。

二年目、Ｃ市は根本的な方法は変えず、この組織を発展させるために規模を大きくし、委託先を社会福祉協議会として、中核になる円卓会議、実働部隊のネットワーク会議と層を分けながら、進行し拡充させている。企業も有名企業、地元ならではの企業と参加者が広がった。そして重要なことは、会議だけで終わることなく、校区圏域に次々に子ども食堂が立ち上がるという現象が起きた。そのさりげない工夫は、①発表者の多くが校区レベルで立ち上げている報告があること、②対等な関係、③安心して聞ける・言える場の保証、などが見られた。これは、ＥＳＰ（Empowerment, Safety, Participation：エンパワメント、安全、参加）というファシリテーションの重要なポイントがおさえられたものである（キャタノ 二〇〇二）。

実際に、参画する団体がどんどん増え、新しい視点の意見交換によって勇気が湧き、周りを見て、すぐに実践に移すことができるようになっている。初回だった参加者が四か月後の次の回には、子ども食堂や居場所を円卓会議参加の企業や病院と共同して立ち上げているところが複数あるといった具合で、驚くべき光景である。活動を確実に発展、拡充させているところに大きな意味がある。そのポイントはネットワークの対等性にあるだろう。まさに実践の知を、領域を超えて共有することで、新たな価値を生み、行動化していく。行政の発想では、通常、席を同じくすることはない団体へと広まり、今まで福祉に関連しなかった企業や思わぬ参画団体が生まれている。さらに、その議論が行政の主要な部署が参加していることで、事業や施策展開していくことが、参加者の力になり、好循環を生むポイントである。

地域課題を共有することで、足りないサービスやなかなか進まないのは何かが明確化され、不足分を自分たちが補おうと制度の狭間をぬって実践を作り出し、公民それぞれができることを考え支え合う場になっている。地域共生であり、社会福祉援助の開発機能（岡村 一九八三）が活発となる場になっている。

③地域（全戸訪問の家庭教育支援／地域人材）×担当（学校教育／子ども政策課）（＃連絡会議2：地域主体）

二〇一六年度以降、教育委員による発案から予算化し、家庭教育支援として全戸訪問を行い、それを福祉系の部署と教育系の部署が担って、福祉と地域を連携させながら取り組んでいるD市（人口約一二万人）の例である。

最初に、約一〇〇人の地域人材が小学校一年生の家庭を対象に全戸訪問を始めた。ブロックごとにＳＳＷｅｒを地域人材のとりまとめ役に置きながら、学期に一回の地域人材による全戸訪問、その内容報告を受けながら、検討会を行い、必要であれば、学校や教育委員会、福祉関係部署に届ける。これらの活動を実施しながら、全市的に地域人材、教育委員会、福祉部署によって研修と報告会を年に三回ほどもっている。さらにこの場とは別に、戦略を練る会議を福祉と教育、保健など含めた行政メンバーで実施している。子育て世代包括支援センターとのリンクも検討されている。

同様にE市（人口約一二万人）の例である。二〇一六年度の子どもの生活実態調査から、二〇一七年度に予算的には福祉系の貧困対策として、地域人材を活用して学校訪問しながら、気になる事例をＳＳＷｅｒが動けるようにつなぎ、見守りネットワークを作ろうと取り組んでいる。中学校区ごとに地域人材を置き、全市に一人のコーディネーター、二人のＳＳＷｅｒを置いて、情報を集約し毎月検討会を実施する動きを作ろうとしている。

手探りのなか、各所で葛藤が生じながらも形を作りつつある。いずれの例も、ＳＳＷｅｒを連結に活用しようとしており、学校プラットフォームに近づくべく試行錯誤が繰り返されている。

2）学校版

学校版というのは、各学校でその意識はなくても学校プラットフォームの部分実施と読めるような活動を行っている例である。

図 6-8 学校で行う子ども食堂の例

④学校の中の子ども食堂＝地域×学校×ＳＳＷｅｒ×福祉×企業×医師（＝連絡会議２：地域主体）

前項の②で挙げたＣ市の例である。そこから波及して二〇一七年度から子ども食堂を学校に作った事例を紹介しよう（図六―八）。教師が学校独自の生活調査を通じて起床時間や遅刻、歯磨きなど子どもの課題をデータで認識した学校である。まさに子どもの実態が調査から把握されているので、これはスクリーニングシートに代わるものであると判断できる。この結果を見て頭を抱えていた教師にＳＳＷｅｒが方策を考えようと提案した。そう提案したのも、このＳＳＷｅｒは②の子ども食堂円卓会議に二〇一六年度後半から参加していたからである。

そしてコミュニティ・ソーシャルワーカー（以下、ＣＳＷ）に相談し、地域包括支援センターが調整し自治会が行っているふれあい喫茶に着目して、子ども食堂ができないか持ちかけた。地域も子どもの実態に心痛めていたために、何かできることをと自治会内組織で話し合い、きちんと自治会の組織の中で子ども食堂の部会を作って取り組みを行うことにした。当初から区の家庭相談員も参画している。そして、ＳＳＷｅｒが近くの量販店や歯科医に声をかけることによって、無料で歯ブラシ提供や簡易水道創設に至り、歯科医が歯のチェックを行っている。さらに、ＰＴＡも参画し、ランドセル置き場を作ったり、食事作りの手伝いをしたりしている。現在は就学援助率と同程度の参加者の割合となっている。学校併設の会館で実施しているために、教師は朝、子ども食堂に様子を見に来て、気になる子どもや来てほしい子どもが来ていないと呼びに行くこともある。なぜそこまでするか問うと、朝食を食べると子どもたちが勉強に集中し、子ども食堂のある日は遅刻がゼロになり、きちんとした生活が習慣化される実感をつかんでいるからである。つまり徐々に呼びに行かなくてもよくなっているのである。それまでの不登校になってから訪問する対応よりも、事前に呼びに行くこのスタイルのほうが改善も早く労力も少なく、教師も元気に向かえるという。このような場が学校にあるメリットは大きい。さらに地域と課題を共有し共同で取り組みを実施したことで、今までも役割としては同じ地域担当だった教師が子ども食堂をともに議論し始めたことで、まったく地域への見方が変わったという。教師にとって、地域担当がまさに余分な仕事になりがちだったのが、お互いを知り、活用し合える関係になり地域が教師にとって協働の仲間となったのである。地域のボランタリーな人材も自分だけで抱え込まず、複数の協働体制をとっているので、いつでも気になる子どもは「伝える」ことができ、守秘義務をもたない地域人材が個別にやりすぎることはない。

この例では、地域をあげた取り組みを作り出し、スティグマどころか、自分たちの地域にとって自然なものになりつつある。決して誰かの命令の下ではなく、それぞれがそれぞれのニーズにあった主体的な参加をしている。例えば、教師にとっては、授業へ子どもたちが集中し、遅刻がなくなるなど教育的ニーズが満たされている。歯科医（別の校区では小児科医）も歯磨き指導に入ることによって子どもの健康という自分たちのニーズが満たされる。このしかけによって参加者がみな生き生きと参加している。このことは、不登校や学力低下を防ぐ方向に舵を切ることになったといえ、ＰＴＡの参加が示すように校区の保護者の子どもへの関心を高めたことも含め、子どもの最善の利益の考慮にかなった実践となった。表五－一（二五九ページ）のＤ領域での地域共生を可能にすることで、ＡやＢ領域への影響をもたらせる一例である。

学校という場でなく、民間やＮＰＯが子ども食堂の実施主体になった場合、教師が紹介する例はほとんどないため、実施主体は個人情報保護のため必要としている子どもがわからず、アウトリーチはできない。この例のように学校の場で実施することができると、保護者が連れて行けない場合も自然な形で必要な子どもを誘うことが可能である。

図 6-9　コミュニティ・スクールの例

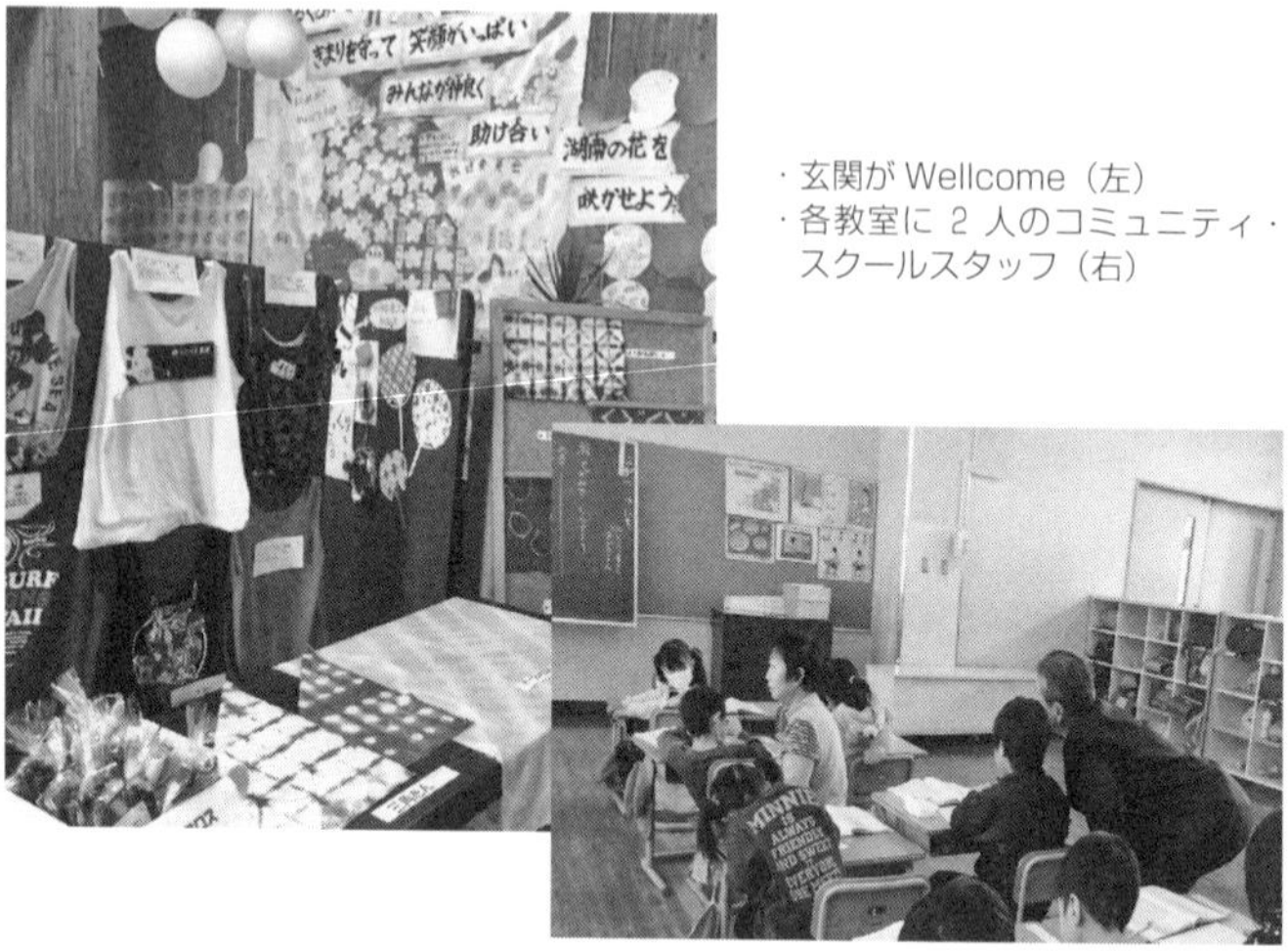

・玄関が Wellcome（左）
・各教室に 2 人のコミュニティ・スクールスタッフ（右）

子ども食堂が貧困の偏見の場になってしまうという恐れから、貧困家庭の子どもに限らずに広く間口を広げている方法は多くみられる。もちろん貧困家庭の子どもをほかと区別することは間違っているが、経済的に厳しい家庭の子どもたちが確実に来ることができなければ施策としては十分といえない。どのようにその子どもたちに近づき、来てもらうのか、という意味では、学校を拠点にすることが、この例からもわかるように個別なことではなく、全体としてかなり効果的であると言えよう。さらにいうとこの例に挙げた学校は畳の部屋も設けて地域の子育てサークルや乳幼児連れの親たちが集う場も作っている。「学校プラットフォーム」という言葉の認識こそないが、学校という場をいろいろな形で活用し、まさにその実施校といえよう。

⑤コミュニティ・スクール×学校（＃連絡会議2：地域主体）

市がコミュニティ・スクールに力を入れて、さまざまな取り組みを展開している例はたくさんあるが、学校プラットフォームの視点でF市（人口約五万人）の例を紹介しよう（図六-九）。

コミュニティ・スクールとなっているある学校では、運営協議会のなかで、子どもたちの落ち着かなさや家庭の荒れが背景にあることがわかり、少しでも学校に来たいと思う子どもたちを作ろうと、学校の玄関を入ったところを欧米の学校のようにきれいに飾り、ウェルカムの雰囲気を醸し出している。また各教室に地域人材が二名ずつ入ることで、落ち着かない子どもや授業に集中できない子どもをサポートし、学級崩壊に近い状態が改善したり、衣服の匂いや子どもの細かい様子から子どもの生活環境について把握できるようになった学校がある。それにより教師は、授業時間中は集団全体に目を向けて授業づくりに専念できる。あとで気になったことなどを意見交換し、ケアも忘れない。コミュニティ・スクールの地域人材がこれらのことを学校の教師との間で行う会合で報告もするため、教師は地域人材がなぜどのような視点で見ているか、逆に教師がどんな視点かをお互いに交流することで知ることができる。まだこの学校にはSSWerは常駐していないが、もしもいればこれらの生活課題へのヒントやともに考える人ができて心強いと、教師も地域人材もチーム学校の専門職の投入への期待をもっていた。

⑥学習支援や居場所×ＳＳＷｅｒ（≒連絡会議２：地域主体）

最後に高校における学校プラットフォームの事業取り組みの例を挙げる。ＮＰＯが学校に入り込んで、カフェを含む居場所、学習支援などを提供している。この取り組みは各地で紹介されているが、学校との連携が十分ではないことも課題として報告されている。しかし、徐々に認知度をあげ、効果的な仕組みづくりに取り組んでいる。

⑦地域×学校（≒連絡会議２：地域主体）

③の自治体を校区の視点からみると、担当（福祉であれ教育であれ）と地域中心のネットワークであるため、チーム学校とこの活動がリンクしづらい。地域人材の動きが学校教育の補完のみになったり、ＳＳＷｅｒが地域の補完のみになったりしやすい。学校側が全体像をつかみにくいことに一因がある。上位の連絡会議があり、学校や学校に入るＳＳＷｅｒや地域人材が全体像をつかめる共有の場があると動きやすくなるものと考えられる。これからに期待したい。

いずれの場合も、担当者が熱意を持って取り組み、ぶつかりながら試行錯誤を続けている。そのことに敬意と感謝を表したい。

以上、これらの実践や生じている現象の理論的分析は、次節にゆだねる。ここでは②④の例をさらに見てみよう。学校という場は、この例でもわかるように、教師だけの場では決してなく、ＰＴＡだったり、自治会だったり、生活保護担当や児童相談担当まで、さまざまなアクターが出入りしやすい。それは学校という場が信頼の高い場であるからである。そしてＳＳＷｅｒを中心に予防も含め、必要な事例を必要な支援につなぐことが可能となる。第1章で挙げたようなセンセーショナルな子どもの事件を考慮すると、ここの機能があるか否かでその後は大きく違ってくるであろう。学校において地域の取り組みが行われ、それをうまく活用する仕組みができると、さまざまな支援の窓口ができる地域共生社会の「丸ごと」の例ともなる。取り組みがあるだけでなく、つなぐ人材や機能があると、早い段階で実際に取り組みを見ることができ、安心して紹介できる。そして個別の学校でこのように機能する（④）のは、全市を網羅する円卓会議（②）が背後にあることが大きい。

上記の例を、福祉的な観点から紐解くと、まさに厚生労働省が示した、地域共生社会を子ども目線でどう作っていくのかという視点にもなるであろう。子どもの目線で考えたときに、地域住民にとっても保護者にとってもましてや子ども自身にとっても学校というものが最も身近な場である。あくまでも「教師」がということではなく、「学校」という場のことである。そして、教師は異動で変わるが、地域住民は長くそこに住み続ける可能性が高い。もちろん学校だけが担うという意味ではない。自ら行くことができ、学校外のほうがいい場合は、子ども自身や家庭が選択できることが重要である。

学校という場は、どこにもいけなかった場合でも最後の砦となる支援が展開できる最低限の機能をもつ場となるであろう。

第5章で述べた「地域力強化検討会最終とりまとめ」（厚生労働省 二〇一七）において、地域共生社会の実現に向けた今後の方向性として、a．地域共生が文化として定着する挑戦、b．「待ち」の姿勢から「予防」の視点に基づく早期発見、早期支援へ、c．専門職による多職種連携、地域住民等との協働による地域連携、d．「支え手」「受け手」が固定されない、多様な参加の場、働く場の創造、e．「点」としての取り組みから、有機的に連携・協働する「面」としての取り組みへ、という五点が明示されているが、ここで扱った②④の事例はすべて適合している。先に示したように、参加者それぞれの能力が発揮され活力ある地域共生社会を作り出している。

5　価値の共存

学校プラットフォームを可能にする要素

以上の実践と理論的分析から、学校プラットフォームを可能にする要素が見えてくる（表六－一）。多様な専門性や立場のものが共有する場を横断的にもつことで、それぞれを機能させることが可能になる。それには、イギリスの例のように、政府が音頭をとって自治体が核になる必要があるであろう。

表 6-1　学校プラットフォームの要素

		参加部署	会や場の役割と効果
	国	文部科学省，厚生労働省，内閣府	各自治体が実施できるように予算化と内容モデル提示，事業評価，進捗管理を行う
全体レベル	自治体	⓪都道府県（子ども政策）＋市町村（子ども政策，福祉，教育委員会）	都道府県の役割：情報提供，モデル提示により域内の自治体の動きを牽引 市町村自治体の役割：先行実践の共有，発展／新たな誕生もたらす
		①首長部局（福祉，保健）＋教育委員会（社会・家庭・学校教育）＋地域（社協，事業主体，主任児童委員・民生委員，自治会，校区福祉委員会）	・各機関，団体の自他の機関役割の認知，アクター間の対等性を深める ・先行実践の共有 ・効果）各機関：限界を知り連携できる 　　地域：行政不満減少，抱え込まない
		②首長部局（福祉，保健）＋教育委員会（社会・家庭・学校教育）＋地域（社協，事業主体，主任児童委員・民生委員，自治会，校区福祉委員会）＋企業	役割は上記に同じ ・効果）各機関：限界を知り連携できる 　　地域：行政不満減少，抱え込まない 　　企業：遂行内容察知し，実行に移す
		③担当部局（福祉＋教育＋保健）＋地域	役割は上記に同じ ・効果）各機関：限界を知り連携できる
現場レベル	学校	④学校（SSWer 含むチーム学校メンバー）＋保健福祉（児童，生保，保健）＋地域（CSW, 地域人材，主任児童委員・民生委員，自治会，校区福祉委員会等）＋地域の企業	・各機関，団体の自他の機関役割の認知，アクター間の対等性を深める ・即応力：試行し，随時に情報／意見交換 ・効果）学校：機関の役割知る，負担減少 　　各機関：学校との連携可能になる 　　地域：学校不満減少，抱え込まない 　　企業：遂行内容察知し，実行に移す
		⑤コミュニティ・スクール×学校	役割は上記に同じ ・効果）学校：機関の役割知る，負担減少 　　地域：学校不満減少，抱え込まない
	学校なし	⑥学習支援や居場所×SSWer	役割は上記に同じ ・効果）各機関：学校との連携可能になる 　　地域：学校不満減少，抱え込まない
		⑦担当課のみ（福祉か教育）＋地域人材	役割は上記に同じ

（注）　番号は前節と同じ。①～③市町村自治体。表中の機関とは，地域人材や事業も含む。

教育と福祉が同じ土俵にあがる必要がある。それが図六-二の連絡会議1になる。文科省、厚労省、内閣府とばらばらの見えにくい予算ではなく、国が一括して学校プラットフォームのための予算としてとりまとめ、各自治体がどうすればいいかわかるようなイメージ提案を行い、各自治体が実施できるよう事業評価、進捗管理を責任もって行う必要がある。その下で、自治体は子ども家庭の生活実態調査等によって明らかになった各自治体の課題、良い点などを生かして施策を策定する、というような流れが必要であろう。

その際のポイントは、児童福祉、社会教育、家庭教育支援や学校教育の立場を超えて自治体内に一つ全体としての検討の場を作ることである（表六-一①②③）。前節の例でいうと、最も発展している取り組みでは、そこに地域の代表、さらには企業が参画している（表六-一②、前節②）。そこで個別の取り組み実践や方策が確認できることによって、他の学校区域に同様な活動が生まれたり、全体会で確認できたりするため、持続可能になる。メンバーも全体である自治体区域と同様なメンバー（表六-一④⑤、前節④⑤）が集い、学校プラットフォームの実現が可能となる（表六-一④、前節④）。つまり全体と個別の二層構造になっていることが誕生、維持、発展の要である。学校の多忙さから、表六-一、前節ともに⑥⑦のような担当課と地域のみ、担当課のみの場となると、せっかくの苦労も学校の課題と活動に齟齬が生じ、負担感のみが発生することになりやすい。あるいは学校だけの取り組みも同じである。つまり、事業や人材を置くだけで勝手に機能していくものではない。

同様に、都道府県自治体と市町村自治体が二層になって、情報提供、共有、先行実践やグッドプラクティスのモデル提示を行い、交流する機会がある場合（表六−二⓪、前節⓪）、都道府県域として確実に多くの実践が生まれやすい。市町村と学校校区と同じである。最も望ましいのはこの両方を持つことである。

以上、グッドプラクティスとともに機能する仕組みの例を段階にわけて示した。学校という場に人材配置ももちろん重要である。しかし単なる人材や事業配置だけでは機能しにくいこともわかった。そもそも国の責任で、要保護児童対策地域協議会のように、仕組みの提示とその法定化、努力義務化など機能していくよう仕掛けをつくる必要がある。せっかく生まれたグッドプラクティスを持続可能なものにするためには、それぞれの段階に次の手立てが確認できたり、自分たちのモデルとする段階を各段階から読みとることが第一歩であろう。

理念の共存

これら実践知から、文化や価値など次元の違うもの同士が混ざり合うという意味で教育と福祉それぞれの価値を見てみよう。教育の側から見ると、学校プラットフォームは、多忙な教師にさらに仕事を増やす提案に見え、長年、教師一職種で運営してきた学校にとって、教師の自由、独立を崩す提案に映ったかもしれない。ここで再度強調したいのは、学校＝教師ではないこと、仕事の内容と組織マネジメント論は別のものであり、教育という内容そのものを脅かすものではない。それぞれがそれぞれの専門性を維持し、生かしながら共存するのである。共存というからには、それぞれが何らかの譲歩をしていかなければならない。相互補完といえば、きれいな表現であるが、現実的にはどの部分で線を引くのかという認識になるであろう。学校という場所を教師が独占するのではなく、地域、関係者との共存を受け入れ、ともに実践を重ねていくという課題がある。これはすでに学童保育や地域学校協働本部などで、福祉や地域と共存している例がある。ただし、交流はなく学校の場を貸しているにすぎなかったり、地域担当ということで教師の負担感となったりしている、というような場合が多いと想定される。真に教師の負担軽減になるためには、独占を譲歩し、共有を作る必要がある。

そもそも教育の目的は、教育基本法第一条において「人格の完成を目指し、平和で民主的な国家及び社会の形成者として必要な資質を備えた心身ともに健康な国民の育成を期して行われなければならない」とされ、第四条において「すべて国民は、ひとしく、その能力に応じた教育を受ける機会を与えられなければならず」と定め、国および地方公共団体に、障害や経済的理由によることなく、「十分な教育を受けられるよう、教育上必要な支援を講じなければならない」し、「修学が困難な者に対して、奨学の措置を講じなければならない」としている。これは、すべての子どもたちに教育の機会均等を保障することを明文化したもので、何らかの理由で学校に来ることが困難であったり、支援を受けることが困難になっている子どもに機会を与えることを提示するものでもある。さらにこの場を学校とは限らず、第三条において「その生涯にわたって、あらゆる機会に、あらゆる場所において学習することができ、その成果を適切に生かすことのできる社会の実現が図られなければならない」としていることから、児童福祉法の「児童の権利に関する条約の精神にのっとり」、「その最善の利益が優先して考慮され、心身ともに健やかに育成されるよう努めなければならない」という理念と何ら対立するものではない。あらゆる手立てを講じて、最善の利益が損なわれている事態には、手をつくし、教育の保障に取り組まなければならない。このことはさまざまな子どもの変化に気づき、対応することによって、教育を受ける権利を保障することができるし、課題が明確に見えない子どもたちが存在することを認知する努力をしていくことと解釈されよう。これを教師だけが担わねばならないのではないということとあわせて述べる。

つまり教育の理念と福祉の理念の共存は成立する。役割という意味においては、明示的に人間を育成、形成する役割と人間の尊厳を保障する役割とで明らかに違うが、価値や視点の違いはどうであろうか。社会福祉の価値としては、個人の価値でもなく、社会の価値でもなくソーシャルワーク固有の利用者の生活の視点を重視した価値が示されている。つまり利用者と出会うことによって、援助者と利用者の間には多様な葛藤・対立・抗争が生じ、それが人間存在の尊重と信念を表す福祉的価値を具体化していく内在的な価値となる（平塚 一九九九）。他方、教育における価値は、ここでは義務教育に着目すると、教育基本法第五条では、「義務教育として行われる普通教育は、各個人の有する能力を伸ばしつつ社会において自立的に生きる基礎を培い」と自立が謳われ、第六条において「教育の目標が達成されるよう、教育を受ける者の心身の発達に応じて、体系的な教育が組織的に行われなければならない。この場合において、教育を受ける者が、学校生活を営む上で必要な規律を重んずるとともに、自ら進んで学習に取り組む意欲を高めることを重視して行われなければならない」として規律の重視が謳われている。つまりそれぞれが重視する価値としては、社会福祉は生活の視点、教育は自立・規律という視点が浮かび上がる。

普通教育とは「全ての人にとって日々生きていく中で共通して必要な一般的・基礎的な知識技能を施して人として調和の取れた育成を目指す教育のことである」（鈴木 二〇〇九）と示されるように、調和や主体性がその根本に存在する。社会福祉援助の原理で重視される「主体性の原理」とも齟齬はない。最も大きく違うとすれば、教育はあくまでも対象がミクロであるのに対し、社会福祉は、生活を保障していくために、「社会変革と社会開発」（ソーシャルワークのグローバル定義）まで視野に入れ、マクロに働きかけることも含まれる点である。共存するためには、この違いを互いに認知する必要があろう。

学校における社会福祉は、現在のＳＳＷｅｒが象徴するように、働き方についての条件整備が十分でないことも影響しているが、学校独自の文化のなかで社会資源をダイナミックに活用した展開にはなりにくく、新しい仕組みを作るなどの開発機能が十分果たせていない。学校における福祉の側が歩み寄るとすれば、働き方を変えていくことである。真の社会福祉の働き方に近づく努力が課せられる。SSWer自身も力量や資質の向上を求められよう。さらに、対等性が重視されると、たとえ二〇分の一（教師二〇人にSSWer一人）であっても、組織的対応と力量が求められよう。退職後の気楽な相談業務と位置づけたような配置では子どもの最善の利益の考慮も教師の働き方改革の実現も難しく、教師が身を粉にして働く現状から何ら改善が期待できないであろう。そして福祉行政として、CSWやSSWerなどの比較的組織的対応になっていない福祉系職員に対して、資質向上、管理、育成プランを作成する責任を引き受ける必要があるであろう。

共存の理論と方法

学校プラットフォームを子どもの最善の利益のために具現化する方法として、その機軸を作る体制、理念の共存の可能性を確認してきた。これらを包含して説明しうる理論を探る。

(1) 共存の理論――自己組織性

教師か専門職かの二項対立議論ではなく、文化や価値など次元の違うもの同士が混ざり合うという条件を作ることで、自らの組織の生成をなし、組織構造を変化させる「自己組織性」（今田 一九八六）

を理論ベースとして共存を可能にすることができるのではないだろうか。決してそれぞれの専門性の内容や、概念、構造を変えるのではない。あくまでも組織論からの取り組みであり、学校という組織の変革である。かつ外からではなく内からの変革を生み出す提案である。

今田（二〇一六）は、自己組織性の議論を発展させ、新たに理論的整理を行い、「自己組織性に基づいた社会理論」を「差異化と自省作用に基づいて、行為主体による社会構造への介入を定式化するパラダイムのこと」であり、「自己組織性とは新たな社会の構図を伝統からのディファレンス（差異）として描写したうえで、従来の制度や価値がもつ意味体系への立ち返り、リフレクション（自省）作用によって社会の意味を再構築すること」と示している。つまり、第1章で述べてきたように、さまざまな子どもや家庭、社会の変化によって生じている現状、第2章で記述した学校に求められる体制、そして教職員の実態調査から、学校という組織や価値が伝統的にもつ意味からの差異が生じていることがわかる。このまま異質なものを排除し旧態依然とすることで組織解体を招くのか、分かれ目である今この時期にこそ、リフレクションが重要ではないだろうか。学校教職員の立場でない筆者が、この危機についての問題提起を行うのは、子どもの最善の利益の保障という目的をもち、学校教育法施行規則によって学校職員に位置づけられた「異物」であるＳＳＷｅｒ、つまり社会福祉の立場としてである。このような立場は、既存の枠組みや制度では収まりきらない現象としてのゆらぎ（今田 二〇一六）を学校にもたらしているのかもしれない。しかし、無責任にゆらぎを投げているのではなく、また第三者的に評価しているのでもない。子どもの最善の利益の視点で、教育学者とともに考えていくために他ならない。

それは、このゆらぎがさらなるゆらぎを創発して増幅していくことを促進する自己触媒（自己言及）作用を起こしていく（今田 二〇一六）ことがなければ、今田の指摘するように、ゆらぎは無秩序をもたらすだけとなる。ゆらぎを新たな秩序へと触媒する作業や仕組みが必要であり、その可能性はあるものと考える。まさに、チーム学校や学校プラットフォームは、「ゆらぎ」を新たな秩序へ触媒する作業や仕組みといえよう。

これを具体化させる方法理論として、一つは基盤構造をぐらつかせ危うくしないゆらぎの投入方法や自己組織性を成立させる条件としてのネットワーク理論、もう一つは自己言及が生じる方法論的可能性としてのプログラム評価の理論を検討する。

(2) 共存のための方法理論――ネットワーク理論

第4節で紹介した実践やそこで生じている現象から、学校プラットフォームのような取り組みは、自治体全体での検討会と個別の検討会や学校での動きというように、二層構造に構造化されていると機能しやすい。ネットワーク形成過程に必要な「個と全体の関係」（金子 一九八六）である。示した例で言えば、一つの子ども食堂と全市を網羅する円卓会議が個と全体にあたり、円卓会議が存在することによって、さらに新たな子ども食堂が生成されたり、取り組みが支持されたり、修正されたりする。また全体会議とは別に、ワーキンググループや各部署の随時の会議があることの例も同じである。

全体会と個別の取り組みの両方が存在することで、ネットワークに重要な、個と全体の調和（松岡 一九九八）、全体の構図化（山野 二〇〇九）が保障され、変化が維持できる。次々に誕生する子ども食堂という場は、「個が互いの違いを認識しあいながら相互関係で自発的に結びついたもので、ある種の緊張の伴う関係のなかで意味と価値を作り出していくプロセス」（金子 一九八六）というネットワークプロセスの新たな「意味と価値の創出」に当てはまるであろう。これらは一つの子ども食堂（第4節の実践④）でも円卓会議（同②）でも、どちらの場においても言え、キーパーソンに焦点化して各地各領域において展開する手法（山野 二〇〇一）が重要ポイントであり、たえず全体の中での自身や団体の位置や役割を察知しながら有効に機能できるような（個と全体の）仕掛けが必要である。

また、表六−一で示したような、対等性、即応性などもネットワーク理論がベースになる。発展している事例を確認すると、ネットワーク理論で明らかにされている、ネットワークに必要な成員の相互作用性、資源交換性、多様性、主体性、対等性（松岡 一九九八、二〇一六）、すべてが網羅されている。これらの要素を理論的に学校プラットフォームに付与することで、それぞれが閉じた殻の世界から、自身が主体的に動き出す内発の連鎖を生み出すことができる（山野 二〇〇九）。つまり、単なる異物の乱暴な投入ではなく、ゆらぎを育む場として機能する仕掛けとなっている。

つまり、他の専門職とつながりあうことでゆらぎ、ネットワーク理論による要素をとり入れたチームやプラットフォームとすることで新たな秩序を生み出す仕組みとなる可能性がある。

(3)共存のための方法理論――プログラム評価理論

自己言及が生じる方法論的可能性として、プログラム評価の理論が考えられよう。筆者は、プログラム評価の理論（Rossi et al. 2004=2005）に基づいて、ＳＳＷ事業プログラムとして教育委員会行政とＳＳＷｅｒの動きとをセットで開発し、その社会実装（山野 二〇一五）を行ってきた。教育委員会担当者やＳＳＷｅｒがどのように動けばいいかなど効果のあるエビデンスにつながる動き方を示すこのプログラムを、スマートフォンから簡単に見ることができるように作り込んだ。またこのプログラムを広く紹介するニュースも作成している（スクールソーシャルワーク評価支援研究所発行『つなぎびと』）。この手法は、まさに研究知見が公共サービスの政策と実践に統合されるメカニズムを作ろうとしているものであり、政策環境、組織意思決定者、実践者の三点を視野に入れる重要性（Nutley et al. 2007=2015）に沿ったものである。

学校プラットフォームやチーム学校などに参画するさまざまなアクターのそれぞれのエビデンスに基づく効果を明らかにする必要もあるが、政策として、チーム学校、あるいはプラットフォームへの全体評価に援用できよう。評価というと、業績評価や数値目標をとりあげる傾向が強いが、ここでいう評価は、政策、プログラム、プロジェクトに関して、十分な情報に照らした意思決定に役立ち（Davies 2004）、何が有効かだけでなく、問題の性質は何か、なぜ起こるのか、どう取り組めばよいのかについても探求する、より多様な一連の研究方法を含むものであり、何が良いエビデンスか目的への適合性が重視される立場に立つ（Nutley et al. 2007=2015）。これはプログラム評価の理論に基づいて具体的に実施してきたＳＳＷ事業プログラムの手法である。

その手法は、二〇一〇年からＳＳＷｅｒや教育委員会担当者にインタビュー調査を行い、二〇一二年全国調査を実施し、その結果を基に実践家（ＳＳＷｅｒと教育委員会担当者）と研究者によって意見交換を繰り返し、ＳＳＷ事業プログラム・モデルを完成させたというものである。この方法の大きなポイントは、蓄積されたデータを実践家がモニタリングして、障壁分析を行い、関係者で意見交換を行い、精度を高め、エビデンスを出し、それを政策に反映させる手法である。その場に実践家、政策立案者である教育委員会担当者、研究者がいることも重要である。「一連の研究や評価調査によるエビデンスは日常のモニタリングデータや専門家の知識、関係者との協議から得られる情報と並んで存在している」ことにあたる（Nutley et al. 2007=2015）。研究知見が公共サービスの政策と実践に統合される取り組みといえよう。

これはまた一方で、ゆらぎから新たな秩序への触媒となる自己言及が生じる作業である。エビデンスで示されたＳＳＷｅｒの実践と教育委員会担当者の立案した事業（政策）を同じ土俵において、うまくいかなかった点の障壁分析を行い、プログラムがよりよいものになるためにはどうすべきか意見交換を行う形で経験や方法の共有を行う。これは実践を共有しプログラム評価を行う手法であり、リフレクションから新たな価値を生み出す仕組みとなる手法である。過去五年以上この手法で取り組むなかで、福祉とは文化の違う教育現場において正規職員のＳＳＷスーパーバイザーが設置され、正規職員のＳＳＷｅｒが生まれたり、自治体におけるスーパービジョンの仕組みが全県を網羅する構造的なものとなりＳＳＷ事業プログラムとして持続可能なものとなってきている。他の専門職とともに行うプログラム評価による議論（教育委員会担当者とＳＳＷｅｒ）やさらにスクリーニングという新手法による議論（教師とＳＳＷｅｒ、ＳＣなど）が、ゆらぎを秩序崩壊の方向ではなく、新たな秩序へ触媒する作業となっている。

学校プラットフォームに集う各アクターの実践は別途独自の効果を測る取り組みが必要であろうし、あるいはすでになされているであろうが、ここで主張したいのは、ばらばらな文化や価値を持ったアクターが共通に展開していくためには、手法として、ＳＳＷ事業プログラムと同様に、プログラムゴールを設定し、エビデンスに基づいて行うことが重要だということである。チーム学校や学校プラットフォームに参画するアクターは、それぞれの文化や価値が違うために、全体として、よりどころがない状態である。それは、まさに今田（二〇一六）のいう新たな社会の構図を今までの学校観からのディファレンス（差異）として描写し、価値を含んだ従来の学校がもつ意味体系へ立ち返り、リフレクション（自省）作用によって学校の意味を再構築する必要があるといえる。つまり、新たな形式であるチーム学校や学校プラットフォームに、プログラム評価による目標設定を行い、自己言及が生じる場として連絡会議などを活用し、「自省作用」をもたらすエビデンスに基づいて行うプログラム評価などが適切ではないかと考える。

さらに、プログラム評価は、エビデンス（効果が実証されたもの）が基本であり、エビデンスに基づく実践（ＥＢＰ）が基本であるが、のみならず、我々のプログラム評価の手法は、教育政策立案者と福祉の実践者と研究者が意見交換を行っている。これは、多様な価値のぶつかり合いから、価値はアクションをもたらし、新たな価値を生み出すという、まさに価値の対立からバランスをとった意思決定をもたらす VBP=Value Based Practice（Fulford et al. 2012=2016）と両方を備える手法であるといえる。

エビデンスに基づくためには、先述した国や都道府県が、各市町村が考えることが可能になるエビデンスを提供することが重要である。もちろん、イギリスのように、ここに研究者の参画が当たり前になり、エビデンスに基づく知見を提供することも必要である。さらにいうと、イギリスのＷＷＣが主張した、実践の効果が読み取れるよう実践とこれらのエビデンスが結ばれるシステム（実践家と研究者＝学校とＷＷＣ：背後に教育省）が必要であろう。イギリスでは、ＳＳＷ事業プログラムで例示したようなステイクホルダーや企業も参画した話し合いの場や、使いやすいＩＴ化、ニュース発行などが重要なポイントであると指摘されている。

日本においても、今回示した例を足掛かりに実践を進めていくことを検討したい。

以上述べてきたように、学校プラットフォームには、価値の共存を持続可能にする必要がある。第4節で述べた例からもわかるように、ネットワーク理論を活用して、多様なアクターが、職種や職階、社会的地位、経験量を超えて共有できる、対等で主体的に各所に相互作用を生じさせること、個と全体を意識できるような二層構造化することが必要である。そして、そこに明確な目標のあるエビデンスに基づく議論と事業評価を入れることでプログラム評価の理論を使う。この結果、差異化とリフレクションを繰り返す自己組織性によって学校の意味を再構築できる可能性があるのではないか。これらが機能すると、ヨコのネットワークのみならず、「エビデンス→プログラム・モデルの提案→実践→政策→エビデンス→……」とタテの循環が生じる可能性が期待される。

6 子ども領域における多職種間連携教育の必要性

以上、学校プラットフォームを実現させる体制、そして共存を可能にする理論的展開を試みてきた。最後に、異なる専門性の価値や視点を共有し、効果的に維持・進展できる方法として、専門職の養成について触れたい。

これまでの教育カリキュラムでは，福祉や教育，心理など各専門家をばらばらに養成し，学生であるうちに互いの専門性や違いをきちんと学ぶことはほぼない。社会福祉教育のなかでコラボレーションやネットワーキングについて学んだとしても，連携・協働する相手の専門性に触れることもほぼない。チーム学校や学校プラットフォームという政策を打ち立てるのであれば，教員養成にも，多角的な視点をもつ他職種によるチームアプローチの必要性が認識でき，具体的な実践へ意欲をもつことができるようなカリキュラム，他専門職の専門性を知り連携・協働できるようになるカリキュラムが必要である。具体的にいうと，教員養成課程に心理学科目はあっても社会福祉科目がない。そして一歩進んで，専門職間連携教育（Inter-professional Education 以下ＩＰＥとする）が必要ではないだろうか。

そもそも専門職は，それぞれ非常に異なった方法で教育されトレーニングされており，それはコミュニケーションパターン，専門職間の関係性の持ち方や，クライエントへの対応の仕方にも影響し，その違いは価値の違いとなって葛藤を引き起こす（Clark 1995）。他領域の異なったコンピテンシーやアプローチの方法を認識し，尊重すること，皆が同じように考える必要はなく，チームの成功は，専門職の「違い」に価値をおき，かつそのような多様性を活用してチームの共通目的を達成することである（Clark 1995）ことも指摘されている。

問題をとらえる視点や意見が分かれるのは，すでに養成段階において獲得するそれぞれの専門性と

図 6-10　子ども領域の専門職間連携教育（IPE）

スキル、価値や視点が確立しているからである。ゆえに柔軟な養成段階のうちに他職種の価値や視点を学び、表面的ではなく、自分とは違う専門職の価値や視点を理解したうえで協働できる専門職を養成する必要性があると考える。

ＩＰＥは、二〇〇二年にＣＡＩＰＥ（英国専門職間連携教育推進センター）が「複数の領域の専門職者が連携およびケアの質を改善するために、同じ場所でともに学び、お互いから学び合いながら、お互いのことを学ぶこと」と示している（埼玉県立大学ＧＰ実施部会 二〇〇九ｂ）。わが国では、ＩＰＥは主に医療分野や高齢者福祉分野で展開されてきた。わが国で専門職間連携が模索されるようになったきっかけは、二〇〇〇年の高齢者介護保険制度において「連携」「チーム」を専門性の一部として機能的に包含する専門職「ケアマネージャー」が登場したことであり、さらに、二〇〇四年度以降に文部科学省の教育改革GP事業において「連携」をキーワードとした教育改革を掲げる大学数が増加したことから、公にIPEが認知され始めた（大嶋 二〇一二）。例えば、保健医療福祉の分野において先駆的にIPEに取り組んできた事例として埼玉県立大学の取り組みがある。埼玉県立大学では、地域の医療福祉機関や他大学とともに地域密着型のIPEのカリキュラムを開発し、その具体的な取り組みとして「インタープロフェッショナル演習」などの科目を設定している。また、IPE国際セミナーの開催などの企画を通じ、大学教育におけるIPEの意義を問い直すとともに、IPEの可能性の探求にも取り組んでいる（埼玉県立大学GP実施部会 二〇〇九a、新井 二〇〇七）。

しかし、このように保健医療分野や高齢者福祉分野におけるIPEの取り組みは多くの大学で活発に展開されてきたものの、これまで子ども家庭福祉分野ではほとんど展開されてこなかった。そこで、大阪府立大学では、文部科学省「平成二二年大学生の就業力育成支援事業（就業力GP）」の採択を受け「子育て教育系キャリア・コラボ力育成」事業の取り組みも開始し（図六―一〇）、さらに二〇一二年度からの学域・学類体制の新組織改革により教育福祉学類が誕生する準備段階から、新たな試みとして子ども家庭福祉分野におけるIPEに取り組み始めた（山野 二〇一一～二〇一五）。そして同時に始めた、IPEのカリキュラムモデルを適用した教員免許更新講習[1]「学校コラボレーション講座」を二〇一〇年度から開始し、それだけでは物足りないという声から夜間の公開講座としても「学校コラボレーション講座」を二〇一二年秋から開始した。その効果測定調査の結果分析も行い（梅田・山野二〇一三）、学校現場における福祉・心理・教育専門職の連携・協働や多職種によるチームアプローチを担う人材育成のためのIPEのあり方を検討し開始した。

大阪府立大学でのIPEのカリキュラム内容は以下である。二〇一二年に完成したカリキュラム（ここでは児童領域中心に述べるが児童領域に限ったものではない）では、一年生で子ども家庭福祉の基礎として子ども家庭福祉論、二年生で基盤となるコラボレーション論がある。そして、教育福祉フィールドワークにて学校や児童施設、さまざまな関係するフィールドにまず参加し、さらに夏休み時間を利用して活動を続ける。その学びをパワーポイントにて発表するまで実施する場合は、教育福祉インターンシップA（国内）として用意した。さらにその行き先を海外に広げ、海外スタディツアーとして出向く教育福祉インターンシップB（国外）を用意した。三年生では、福祉系や保育系の学生は法定実習として、児童相談所や福祉事務所、児童施設などに出向き、四年生では教師を希望する者は教育実習、さらにスクールソーシャルワーク実習、福祉、保育、心理の各専門職養成を積み重ねてきた学生にコラボレーション演習を置いている。この演習は、自分たちの専門性を突き詰めて発表しあい、共通点と相違点を徹底的に議論する。また二年生で学んだ理論的な概念をロールプレイや議論を行うことで、コラボレーションに重要な葛藤マネジメントを体験したりするなど実践的に理解する。そのうえで、学校や医療のフィールドに出向き、現場の日常の実際や多職種連携場面を見学して相違点や共通点を議論するなど意見交換したり、学びの発表を行う。

これらの経緯を経て、実際に家庭裁判所、児童相談所、福祉事務所、児童施設、学校、医療機関などに就職していく。では、具体的に、異なる専門性の価値や視点の共有、そして共存を維持できるであろうか。そのポイントの一つは、連携・協働を形骸化させず、日常的に価値や視点の共有の場を設け、共存できるよう、それぞれの職場で仕組みとして作成することである。それぞれが意識的に日常的に相手の話を聞くこと、感じたことを説明する、気づいたことを示し、観点の相違点や類似点について話し合って意見の一致をはかることなど、基本的なコミュニケーションスキルを互いに高めることが必要である（GITT 2001）。また最もわかりやすいのは、ケース会議など他職種と協働する場を好機ととらえ、何が同じで何が違うのか対話を重ねることで新たな価値の創出が起き、両者の協働が生み出されるといった視点をもつことである。しかし実際には、現場全体のベースがこういった教育を受けていないため維持継続が困難である課題もある。

よって、卒業後一、二年経って、在学生に対して先輩アドバイスセミナーとして、教師、ＳＳＷｅｒ、児童福祉司、家庭裁判所調査官等として授業においてコラボレーションの実践報告する場も設けている。卒業後一、二年というのは、もちろん受講学生にとって親近感があり学びやすいこともあるが、卒業生にとっても大多数の現場で現実に揺れ戻される時期に、コラボレーション思考を思い出し、自身にとってその価値が確固としたものとなるように、卒業後も含めた一貫教育として意図している。

これらの取り組みの成果として、二〇一四年度は教員と共同してコラボレーションやＩＰＥのシンポジウムを開催し、二〇一五年度（組織改変一期生）は、学生たちは学生のみでシンポジウムを企画、フロアと議論するという、まさに一般二〇〇名の参加者との議論を成功させている（「教福伝え隊」二〇一六）。確実に力をつけ、そして現在、各現場で奮闘している。

第1章で述べてきたような事件や課題を抱える子ども領域においては、虐待やいじめ、ひきこもり、貧困など多様な複合的な問題に対応していくことが求められるが、一職種の力では限界がある。チーム学校に限らず、要保護児童対策地域協議会ですでにネットワークにおける援助が指向されている子ども家庭福祉領域には、ＩＰＥの視点は必須ではないだろうか。

まだ子ども領域では未開発なＩＰＥであるが、上記のように養成を開始し、その重要性や意義をさまざまなところで提唱している（山中 二〇一五）。まさに今後チーム学校に存在する専門職や学校プラットフォームに集う企業も含めさまざまな人材を想定して、高等教育の段階から互いの価値や協働に関して学ぶ教育はますます必要となる。心理士や社会福祉士のようにその専門職であっても働く場（病院、施設、学校など）が広くあるのと違って、特に教員資格は働く場が教育現場とほぼ想定されると考えると、教員免許取得課程に福祉を学ぶことやＩＰＥは取り入れるべきではないだろうか（心理科目はすでに教職科目に入っている）。高等教育の中で広くＩＰＥを取り入れることが、学校プラットフォームのような今までとは違う社会を作り出す第一歩につながるだろう。

注

1　教員免許更新講習制度は二〇〇九年から現職教員等を対象に導入された制度で、教員として必要な資質能力が保持されるよう定期的に最新の知識技能を身に付けることで教員が自信と誇りをもって教壇に立ち社会の尊敬と信頼を得ることを目指している。

引用文献

新井利民（二〇〇七）「英国における専門職連携教育の展開」『社会福祉学』四八（一）、一四二–一五二
馬場園明（二〇一六）『チームとしての学校』の必要性」『教育と医学』六四（六）、四五九–四六七
キャタノ・J・W著・三沢直子監修・幾島幸子訳（二〇〇二）『完璧な親なんていない！——カナダ生まれの子育てテキスト』ひとなる書房
Clark, P. G.（1995）Quality of Life, Values, and Teamwork in Geriatric Care: Do We Communicate What We Mean?, *The Gerontologist*, 35（3）, 402–411.
Davies, P.（2004）*Is Evidence-based Government Possible?* Paper Presented at the 4th Annual Campbell Collaboration Colloquium.
Fulford, K. W. M. et al., 2012, *Essential Values-Based Practice: Clinical Stories Linking Science with People*, Cambridge University Press.（=二〇一六、大西弘高・尾藤誠司監訳『価値に基づく診療——ＶＢＰ実践のための一〇のプロセス』メディカル・サイエンス・インターナショナル）
GITT（Geriatric Interdisciplinary Team Training Program）Core Curriculum（2001）*Topic3: Team Commu-*

nication and Conflict Resolution, The John A.Hartford Foundation, 1-36.
平塚良子（一九九九）「ソーシャルワークの価値の科学化」島田啓一郎監修『社会福祉の思想と人間観』ミネルヴァ書房、八八－一〇二
今田高俊（一九八六）『自己組織性――社会理論の復活』創文社
今田高俊（二〇一六）「自己組織性と社会のメタモルフォーゼ」遠藤薫・佐藤嘉倫・今田高俊編『社会理論の再興――社会システム論と再帰的自己組織性を超えて』ミネルヴァ書房
加治佐哲也（二〇一六）「『チーム学校』とは何か」『教育と医学』六四（六）、四四四－四五〇
金子郁容（一九八六）『ネットワーキングへの招待』中公新書
厚生労働省（二〇一七）「地域力強化検討会最終とりまとめ――地域共生社会の実現に向けた新しいステージへ」（http://www.mhlw.go.jp/file/05-Shingikai-12201000-Shakaiengokyokushougaihokenfukushibu-Kikaku-ka/0000177049.pdf 二〇一八年四月二八日取得）
教福伝え隊（二〇一六）「教育×福祉×自分～この学び、学生の本気で伝えたい～」＝学生がつくる教育福祉シンポジウムの報告書」共催：大阪府立大学教育福祉研究センター、コラボ支援推進室（責任者山野則子）
松岡克尚（一九九八）「社会福祉実践における『ネットワーク』に関する一考察――概念整理と共通性の抽出」『社会福祉実践理論研究』七、一三－二二
松岡克尚（二〇一六）『ソーシャルワークにおけるネットワーク概念とネットワーク・アプローチ』関西学院大学出版会
文部科学省（二〇一五）「初等中等教育分科会（第一〇二回）配付資料　資料一－二「チームとしての学校の在り方と今後の改善方策について」（答申（素案））」（http://www.mext.go.jp/b_menu/shingi/chukyo/chukyo3/

siryo/attach/1365408.htm 二〇一八年一〇月五日取得）
文部科学省（二〇一七a）「児童生徒の教育相談の充実について——学校の教育力を高める組織的な教育相談体制づくり」
文部科学省（二〇一七b）「学校における働き方改革特別部会（第一回）配付資料四-二」（http://www.mext.go.jp/b_menu/shingi/chukyo/chukyo3/079/siryo/__icsFiles/afieldfile/2017/07/24/1388265_8.pdf 二〇一八年四月二八日取得）
Nutley, S. M., Walter, I. & Davies, H. T. O. (2007) *Using Evidence: How Research Can Inform Public Services*, The Policy Press.（＝二〇一五、惣脇宏・豊浩子ほか訳『研究活用の政策学』明石書店）
岡村重夫（一九八三）『社会福祉原論』全国社会福祉協議会
大阪府立大学（二〇一一〜二〇一二）「文部科学省平成二二年大学生の就業力育成支援事業　子育て教育系キャリア・コラボ力育成報告書」二〇一〇年度〜二〇一一年度
大阪府立大学（二〇一三〜二〇一五）「大阪・兵庫・和歌山『産官学地域協働による人材育成の環境整備と教育の改善・充実』文部科学省産業界のニーズに対応した教育改善・充実体制整備事業（幹事校大阪府立大学）子育て教育系キャリア・コラボ力育成報告書」二〇一二年度〜二〇一四年度
大阪府立大学（二〇一三〜二〇一五）「大阪・兵庫・和歌山『産官学地域協働による人材育成の環境整備と教育の改善・充実』文部科学省産業界のニーズに対応した教育改善・充実体制整備事業（幹事校大阪府立大学）海外インターンシップ・報告書」二〇一二年度〜二〇一四年度
大阪府立大学（代表山野則子）（二〇一七）「大阪府子ども生活に関する実態調査」
大嶋信雄（二〇一一）「専門職関連携教育の変遷と現状」『老年社会科学』三三（三）、四七二-四七七

Rossi, P. H., Lipsey, M. W., & Freeman, H. E. (2004) *Evaluation: A Systematic Approach*, (7th Edition) Sage.（＝二〇〇五、大島巌ほか監訳『プログラム評価の理論と方法』日本評論社）

埼玉県立大学ＧＰ実施部会編（二〇〇九ａ）『埼玉県立大学ＩＰＥ国際セミナー二〇〇八報告書』

埼玉県立大学ＧＰ実施部会編（二〇〇九ｂ）「ＩＰ演習の手引き」平成二〇年度文部科学省現代的教育ニーズ取組支援プログラム採択事業『平成二〇年度インタープロフェッショナル演習（ＩＰ演習）事業報告書』三–四四

鈴木勲編（二〇〇九）『逐条 学校教育法第七次改訂版』学陽書房

植田みどり（二〇〇八）『「地域の教育力」を活用した学校改革に関する日英比較研究――資料集』平成二〇年度重点配分経費「『地域の教育力』を活用した日英比較研究に関する資料収集」報告書

梅田直美・山野則子（二〇一三）「子ども家庭福祉分野における専門職間連携教育の可能性――教員免許更新講習『学校コラボレーション講座』の効果測定調査結果から」『子ども家庭福祉学』一三、七七–八七

山中京子（二〇一五）「第5章 もう一人の他者との連携・協働」児島亜紀子編著『社会福祉実践における主体性を尊重した対等な関わりは可能か』ミネルヴァ書房

山野則子（二〇〇一）「第4章『子どもの相談システムを考える会』の取り組み」子どもの相談システムを考える会編『子どもを支える相談ネットワーク』ミネルヴァ書房

山野則子（二〇〇九）『子ども虐待を防ぐ市町村ネットワークとソーシャルワーク』明石書店

山野則子編著（二〇一五）『エビデンスに基づく効果的なスクールソーシャルワーク』明石書店

山野則子（二〇一六）「すべての子どもたちを包括する支援システム作りへ」スクールソーシャルワーク評価支援研究所（所長 山野則子）編『すべての子どもたちを包括する支援システム』せせらぎ出版

山野則子（二〇一七）「第5章　見えない子どもの貧困をどのように支えるか？」五石敬路・岩間伸之・西岡正次・有田朗編『生活困窮者支援で社会を変える』法律文化社、九一－一〇六

あとがき

内閣府子どもの貧困対策に関する検討会構成員（二〇一四年度）に引き続き、子供の貧困対策に関する有識者会議構成員（二〇一六年度〜）を拝命したころ、ちょうど大阪の子どもの生活実態調査の委託を受けて（大阪府、大阪市、府内一三自治体）、約一〇万件回収によって実態を把握できるという状況下にあった。もともと、児童虐待に関する市町村ネットワークやスクールソーシャルワークに関する実証的な研究を行っていたため、厳しい家庭の実態は把握できていたつもりであったが、全数把握のなかの割合としてみたときに、大阪の子どもの生活実態調査の結果は驚愕の結果であったと言える。

筆者は、そもそも市町村から学校へ、という、より子どもに身近なところでの支援の視点の重要性を訴えていたが、この数字がさらにその考えを突き動かすことになった。もしかしたら、福祉を専門とする人間には見えていなかったのかもしれない世界の一側面である。いかに学校という皆が行く場で、ぎりぎりのところの子どもをキャッチしたり応援したりすることが必要であるかを思わずにはいられない結果であった。

内閣府の委員とともに、複数の文部科学省の委員をしていた立場として見える世界を描くことの重要性を感じていたが、なかなか実現できずにいた。しかし、この大阪の実態調査結果は、本書の執筆を本格的に手掛ける方向へと導いてくれることになった。それでもそこから随分と時間が経ち、国の施策も大きく動いた。またありがたいことに、調査結果を踏まえて政策展開をともに検討したいという内容の受託研究やアドバイザーとしての委員などを複数の自治体において受けた。どんどんグッドプラクティスが生まれ、現場の力のすばらしさを目のあたりにすることも可能なポジションとなった。また、こういった流れのなかで、文部科学省から「平成二七年度 家庭教育の総合的推進に関する調査研究――訪問型家庭教育支援手法について」や「平成二七年度 いじめ対策等生徒指導推進事業」の研究や事業委託を受け、さらに内閣府沖縄緊急対策事業に対する「平成二九年度 沖縄子供の貧困緊急対策事業アンケート調査事業」の委託を受け、調査実施し分析を行ってきた。これらは、もともとの研究活動である、スクールソーシャルワーク評価支援研究所としての全国各地への展開のみならず、ありがたいことに全国のさまざまな子どもの実態を少なからず把握できる機会になった。

こうした動きも伴っていたため、二〇一五年ごろから手掛けた執筆活動が、国や自治体、現場の動きになかなか追い付かず、焦るばかりであったが、これらの過程すべてが本書の内容に影響を与える大変重要なものであった。どこまで生かして執筆できたか、甚だ疑問は残るが、どの調査においても、どの取り組みにおいても結果の保証もないなか共に試行的に挑戦・協力してくださった方々に心から感謝したい。実践現場において試行錯誤で取り組んでくださった学校や、仕組みづくりにともに悩み、試行してくださった自治体の皆様に感謝の気持ちでいっぱいである。この実践と研究の行き来がなければ、書き続けるモチベーションになりにくかったであろう。また、スクールソーシャルワーク評価

あとがき

支援研究所の効果的なスクールソーシャルワークのあり方研究会の皆様との取り組みは、さまざまな次の動きにつながっており、苦労を分かち合ってくださり、心から感謝したい。執筆においてもさまざまにサポートいただいた。特に最終段階において野﨑友花さんには表作成（本文第2章参照）や文献整理など多くのサポートをいただいた。心から感謝を申し上げたい。また同じく河瀬麻里さん、鈴木ちひろさん、真鍋里彩さんには資料収集や整理など補助をいただいた。そして、何より日々温かく的確な支援をくださる研究室のスタッフ萩原直枝さん、佐藤愛弥子さん、研究員山下剛徳さんがいらしてこそ、仕上げることができた。心から感謝したい。最後に、有斐閣の堀奈美子さんには長くかかった私の作業に根気よく付き合って、丁寧にフォローくださり、本当にありがたく感謝している。

学校プラットフォームの実践は、まだまだ始まったばかり、いや日本ではほとんどなされていない実践でスタートも切れていないかもしれない。ぜひ、多くの方に興味を持っていただき、ともに子どもの最善の利益のために、それぞれの立場で可能な仕組みづくりを考え、取り組んでいただきたいと願っている。

二〇一八年九月

さまざまな人々に感謝を込めて

山野　則子

索　引

索　引

●さ　行

●た　行

●な　行

●は　行

●ま　行

●著者紹介

山野　則子（やまの　のりこ）

大阪府立大学人間社会システム科学研究科／地域保健学域教育福祉学類教授。

博士（人間福祉）。内閣府子供の貧困対策に関する有識者会議構成員，中央教育審議会委員，厚生労働省社会保障審議会児童部会委員などを歴任。

主著として：

『スクールソーシャルワークの可能性』（共編著）ミネルヴァ書房，2007年，『子ども虐待を防ぐ市町村ネットワークとソーシャルワーク』（単著）明石書店，2009年，『エビデンスに基づく効果的なスクールソーシャルワーク』（編著）明石書店，2015年，『子ども家庭福祉の世界』（共編）有斐閣，2015年，など。

学校プラットフォーム――教育・福祉，そして地域の協働で子どもの貧困に立ち向かう

School as a Platform against Child Poverty: Building a Collaboration System of Education, Welfare and Community

2018年11月10日　初版第1刷発行

著　者　山　野　則　子
発行者　江　草　貞　治
発行所　株式会社　有　斐　閣

郵便番号 101-0051
東京都千代田区神田神保町 2-17
電話（03）3264-1315〔編集〕
（03）3265-6811〔営業〕
http://www.yuhikaku.co.jp/

印刷・株式会社理想社／製本・大口製本印刷株式会社

ISBN 978-4-641-17440-5